AF339522

LA

TÉLÉGRAPHIE ÉLECTRIQUE

———

CORBEIL, typ. et stér. de CRÉTÉ.

LA
TÉLÉGRAPHIE ÉLECTRIQUE

SON HISTOIRE

PRÉCISE, ANECDOTIQUE ET PITTORESQUE

ET SES APPLICATIONS

EN FRANCE, EN ANGLETERRE, AUX ÉTATS-UNIS
EN BELGIQUE, EN HOLLANDE, EN SUISSE, EN ESPAGNE, EN ITALIE
EN TURQUIE, EN RUSSIE, EN PERSE, DANS L'INDE
EN COCHINCHINE, ETC., ETC.

suivie d'un

GUIDE DE L'EXPÉDITEUR DE DÉPÊCHES

PAR

PHILIPPE DAURIAC

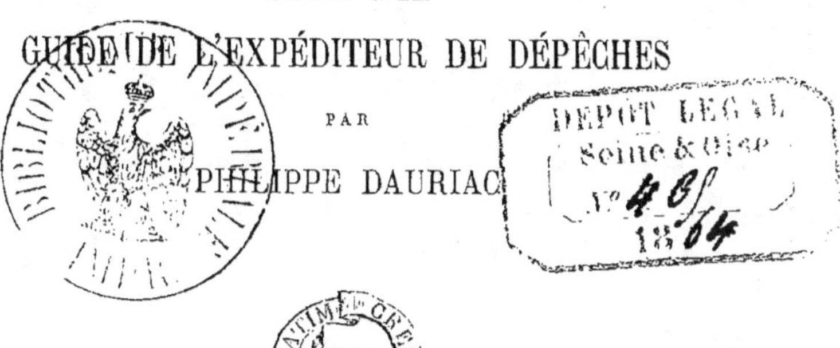

BIBLIOTHÈQUE IMPÉRIALE PARIS

DÉPOT LÉGAL
Seine & Oise
N° 40
1864

PARIS

LIBRAIRIE DE ACHILLE FAURE

23, BOULEVARD SAINT-MARTIN, 23

—

1864

A MA MÈRE

Il me fallait ton nom sur la première page de mon premier livre. J'aurais préféré placer sous cette chère invocation un travail d'aspect moins rébarbatif, une œuvre d'imagination, poésie ou roman, dans laquelle j'aurais mis un peu, non plus de mon esprit, mais de mon âme. Hélas! les auteurs proposent, et les éditeurs disposent!

Tel qu'il est, je te dédie ce petit volume, et je ne suis pas en peine qu'il te plaise : il est de ton fils.

PHILIPPE DAURIAC.

15 janvier 1804.

PRÉFACE

Le journal dans lequel a paru une partie de ce travail l'annonçait à ses lecteurs en ces termes :

« L'article qui suit est une étude très-consciencieuse de la télégraphie électrique par un écrivain spécial; ce travail s'adresse à la fois aux savants par sa précision, et aux... autres par sa clarté et son intérêt puissant. Aujourd'hui, chacun a plus ou moins recours au télégramme ; un article sur la télégraphie est donc de nature à intéresser tout le monde. Il n'est pas un lecteur du *Figaro* qui ne sera enchanté de connaître à fond l'admirable invention qui, dans ces dernières années, a modifié les rapports sociaux du monde entier. »

Et l'on dira que le *Figaro* n'est pas bienveillant !

Pour moi, au risque de me montrer ingrat, ou indépendant, comme disent les euphémistes, je relèverai dans cette courte appréciation deux erreurs.

D'abord, je ne suis pas un écrivain spécial. Si l'on parlait de MM. E. Blavier, H. Blerzy, Th. du Moncel, E. Gounelle, Gaugain, E. Bréguet, etc., à la bonne heure ! Ceux-là sont des savants et ne m'admettraient pas aisément dans le sanctuaire. Ils auraient bien raison, car j'adore les faux dieux, et j'admire autant un sonnet bien fait que la théorie des courants d'induction.

Ce n'est donc pas aux savants que ce livre s'adresse, — deuxième erreur, — mais aux... autres, au public, à la foule qui n'a sur la télégraphie que des notions confuses, et qui se résignerait à n'en pas savoir davantage plutôt que d'aller chercher dans les ouvrages de science les renseignements qui lui manquent. J'ai fait pour ces lecteurs ce que j'aurais voulu qu'on fît pour moi. J'ai puisé aux meilleures sources ; j'ai analysé les documents les plus récents ; j'ai cherché enfin à être aussi exact que possible. Quand l'occasion s'est présentée d'égayer mon sujet, je n'ai eu garde de la laisser échapper.

Ai-je réussi ? Mon éditeur le croit : moi, je l'espère à peine.

LA

TÉLÉGRAPHIE ÉLECTRIQUE

PREMIÈRE PARTIE

LA TÉLÉGRAPHIE EN FRANCE

CHAPITRE PREMIER

Coup d'œil rétrospectif. — Télégraphie aérienne.

CLAUDE CHAPPE. — LA PREMIÈRE DÉPÊCHE TÉLÉGRAPHIQUE.
OÙ LE BROUILLARD JOUE UN ROLE.
GRANDEUR ET DÉCADENCE.

Avant de raconter la naissance et les développements prodigieux de la télégraphie électrique, il est décent de jeter quelques fleurs sur la tombe de sa mère, la télégraphie aérienne qui, si grossière et si tardigrade qu'elle nous paraisse aujourd'hui, n'en émerveillait pas moins nos pères par sa célérité. En son temps, on la comparait à la foudre, et elle acceptait cette flatterie. C'était aussi le temps où les diligences de Laffitte, Caillard et Cie, allaient comme

1

le vent et accomplissaient en trois jours le trajet de Paris à Bordeaux. Tout est relatif, tout s'enchaîne. Ne soyons point ingrats pour les vieilles mécaniques qui furent, à leur heure, de véritables bienfaits.

Il est certain que, depuis Adam jusqu'à Claude Chappe, l'homme avait vainement cherché le moyen de communiquer instantanément sa pensée à de longues distances. Car des signaux convenus à l'avance, tels que sons, flammes, drapeaux, et qui ne doivent servir qu'à un moment déterminé, ne constituent pas un système télégraphique. L'honneur de Chappe est d'avoir, le premier, donné satisfaction à ce *desideratum* impérieux. A ce titre, et malgré le peu de durée de son invention, il mérite d'être salué comme le créateur de la télégraphie. Après bien des traverses, après bien des luttes et même des dangers, malgré les obstacles de toute sorte qui naissent, touffus et formidables, sous les pas des inventeurs, il parvint à établir, en 1793, de Paris à Lille, la première ligne de télégraphie aérienne. Un poste s'élevait au-dessus du grand escalier du Louvre, un autre sur la butte Montmartre. Les machines étaient peintes aux trois couleurs.

Enfin, le 15 fructidor an II (1er septembre 1794), de la tour Sainte-Catherine à Lille, au dôme du Louvre, on vit de grands tentacules de bois s'agiter en des mouvements épileptiformes et se faire des signes mystérieux. Quelques instants après, à la Convention nationale, Carnot demanda la parole, monta à la tribune et lut la dépêche suivante : « Condé est restitué à la République; la reddition a eu lieu ce matin à six heures. » Un tonnerre d'applaudissements accueillit ces paroles, les députés se levèrent, et les tribunes éclatèrent en bravos. Ainsi fit son entrée dans le monde la télégraphie aérienne. Quant à Chappe, cette dépêche fut, comme dirait M. Prud'homme, le plus beau jour de sa vie.

En 1843, on comptait 5,000 kilomètres de lignes jalonnés de 534 stations, et 29 villes étaient en correspondance avec Paris. Les résultats, disons-le, étaient loin de réaliser les espérances qu'on avait conçues au début. Le public ne jouissait du télégraphe que par le coup d'œil, et le gouvernement lui-même n'en retirait que des avantages fort limités. D'abord, on ne pouvait guère compter que sur l'arrivée d'un signal par minute. Ensuite, le travail était borné à six heures par jour en moyenne. Le brouillard nuisait à la transmission, et aussi les grandes chaleurs, à cause des ondulations qu'elles produisaient dans l'atmosphère. Nombre d'expériences tentées pour la télégraphie de nuit avaient échoué.

On se rappelle les dépêches officielles du temps invariablement terminées par ces mots : *interrompue par le brouillard*. Je vois encore celle que le préfet de la Dordogne fit afficher sur les murs de Périgueux, le 24 février 1848. Elle nous arrivait d'Angoulême, illustrée de plusieurs lignes de points, et concluait par les mots sacramentels placés juste à l'endroit le plus intéressant. J'étais enfant alors et je trouvais qu'une révolution interrompue par le brouillard, ce n'était pas clair.

Ah ! le brouillard ! s'il était maudit du reste de la terre, il était béni des employés. Ils l'attendaient, ils l'espéraient, ils auraient voulu en faire ! Car le brouillard, pour eux, c'était la liberté. C'en était bien d'autres choses encore : le repos d'abord, et la pipe fumée paisiblement au pied de la tour solitaire, et le plaisir de jardiner dans le petit enclos orné de légumes qui entourait le bâtiment. Mieux que tout cela, c'était la chasse ! Quand ce bienheureux brouillard s'étendait, âcre et dense, sur la plaine, le stationnaire appelait cela une belle journée ; il prenait son fusil, sifflait Stop et se disait que le moment était venu d'aller tuer un lièvre. Il n'est personne qui, en parcourant la campagne, n'ait rencontré ces tours de télégraphe bâties sur les plateaux, en pleins champs, en pleines forêts. On comprend que, loin du monde, enchaîné à son poste, le malheureux employé n'eût qu'un ami, son chien, et qu'un rêve, le brouillard.

Ce n'était pas, on le voit, la perfection même que la machine de Chappe. On l'a regrettée cependant, comme on regrette tout ce qui s'en va, sans savoir pourquoi. Elle était l'objet d'une vénération superstitieuse. La butte Montmartre a conservé la sienne longtemps après l'établissement de la télégraphie électrique, et sur les tours de Saint-Sulpice on voyait hier encore la dernière de toutes, avec ses ailes noires, immobiles, et comme affaissées sous une incurable mélancolie. On a hésité à la démolir ; il sem-

blait qu'on allait commettre un sacrilége. On avait
fini par lui prêter une existence personnelle, à la voir
parler et s'agiter sans relâche depuis tant d'années.
Sans relâche... j'ai dit combien il fallait en rabattre.
Enfin sa destruction fut décidée.

Ajoutons qu'au moment où la télégraphie aérienne
allait disparaître de France, elle naissait en Afrique
(1844) pour n'y céder la place à sa rivale qu'en 1859,
et, pour noter ses dernières pulsations, disons qu'elle
donna en Crimée les signes ultimes de sa vitalité. Elle
tomba avec Sébastopol.

LE TÉLÉGRAPHE DU P. LEVRECHON (1626).

On lit dans les *Récréations mathématiques*, par le
P. Levrechon, jésuite lorrain (sous le pseudonyme de
Van Etten), ce curieux passage :

« *Pont-à-Mousson*, 1626.

« Quelques-uns ont voulu dire que par le moyen d'un
aimant ou d'une pierre semblable, les personnes se
pourroient entre-parler. Par exemple, Claude étant à
Paris et Jean à Rome, si l'un et l'autre avoient une aiguille frottée à quelque pierre dont la vertu fust telle
qu'à mesure qu'une aiguille se mouvroit à Paris, l'autre se remuât tout de même à Rome, il se pourrait faire
que Claude et Jean eussent chacun un même alphabet
et qu'ils eussent convenu de se parler de loin tous les
jours à 6 heures du soir, l'aiguille ayant fait trois tours
et demi pour signal que c'est Claude et non un autre qui

veut parler à Jean : alors Claude, lui voulant dire que le roi est à Paris, il feroit mouvoir et arrêter son aiguille sur L, puis sur E, puis sur R, O, I, et ainsi de suite. Or, en même temps, l'aiguille de Jean, s'accordant avec celle de Claude, iroit se remuant et s'arrêtant sur les mêmes lettres, et partant l'un pourroit facilement écrire ou entendre ce que l'autre lui veut signifier.

« L'invention est belle, mais je n'estime pas qu'il se trouve au monde un aimant qui ait telle vertu : aussi n'est-il pas expédient, *autrement les trahisons seroient trop fréquentes et trop couvertes.* »

C'est l'idée, toute primitive et à l'état embryonnaire, de l'appareil à cadran ordinaire. Le P. Levrechon, s'il revenait au monde, serait bien surpris de trouver cette invention universellement appliquée, et de voir que les *traîtres* en ont tiré si peu de profit.

LE TÉLÉGRAPHE INTIMÉ D'ALEXANDRE (1802).

Nous rencontrons, deux siècles plus tard, un inventeur qui paraît avoir résolu le problème. Mais il était de ceux qui ne réussissent à rien, qui se brisent à l'indifférence ou à l'incrédulité générales, et pour qui l'ordre du jour et la question préalable semblent imaginés tout exprès.

L'an X de la République, le citoyen Alexandre fit fonctionner devant le préfet de la Vienne, Cochon, — un nom facile à retenir, — et peu après devant le préfet d'Indre-et-Loire, un appareil de son invention, auquel il avait donné le nom de *télégraphe intime*.

Deux boîtes pareilles, placées, l'une au rez-de-chaussée, l'autre au premier étage d'une maison, portaient chacune un cadran à lettres et une aiguille. L'expérimentateur, se tenant auprès de l'une des boîtes, faisait mouvoir l'aiguille de l'autre par un procédé invisible. Les deux préfets, témoins de l'expérience, comblèrent Alexandre de compliments et l'encouragèrent à aller à Paris. Il partit. Son désir était de faire hommage de sa découverte au Premier Consul et de l'expérimenter devant lui. Il n'y put réussir. Le ministre de l'intérieur, Chaptal, à qui il s'adressa, ne voulut pas le voir. A bout de sollicitations, le Premier Consul chargea le citoyen Delambre de lui faire un rapport. Ce rapport fut peu favorable. Il faut dire, à la décharge du savant membre de l'Institut, qu'Alexandre ne voulait rien livrer de son secret, et que le mystère dont il s'entourait, ne permettant guère de constater que le fait extérieur, éloignait toute conclusion scientifique.

Quoi qu'il en soit, d'après Delambre lui-même, « ce télégraphe est composé de deux boîtes pareilles, « portant chacune un cadran à la circonférence du-« quel sont marquées les lettres de l'alphabet. Au « moyen d'une manivelle, on conduit l'aiguille du « premier cadran sur toutes les lettres dont on a be-« soin, et au même instant l'aiguille de la seconde « boîte répète, dans le même ordre, tous les mou-« vements, toutes les indications de la première... « La communication peut s'établir entre ces deux

« boîtes avec la même facilité qu'on poserait un mou-
« vement de sonnette. »

D'après le préfet de la Vienne, « l'auteur de l'inven-
« tion est convenu qu'il tire son usage d'un *fluide*
« *quelconque, soit électrique, soit magnétique*,.. Il nous
« a, en conséquence, assuré qu'il était certain d'uti-
« liser les effets de cette puissance, de les prolonger
« avec *la célérité de l'éclair*, et de les porter *aussi loin*
« *qu'il sera nécessaire de le faire.* »

Par une obstination malheureuse, le citoyen Alexandre persistant à ne vouloir exposer son système qu'au
Premier Consul, et le Premier Consul persistant à lui
refuser sa demande, l'affaire en resta là. Mais n'est-
il pas permis de croire que la télégraphie électrique
était dès lors trouvée?

Si l'on s'intéresse à cet inventeur trop discret, on
le retrouve à Bordeaux en 1806, prenant un brevet
pour une machine à filtrer l'eau de la Garonne pour
l'alimentation de la ville, mais ne pouvant, faute d'argent, achever son œuvre. En 1831, il adressa au roi
Louis-Philippe un projet de ballon facile à diriger
sur un point déterminé. Autre *desideratum* que notre
siècle satisfera sans doute. Ce fut son suprême effort :
il mourut en 1832, à Angoulême, dans la plus grande
misère.

CHAPITRE II

Établissement de la télégraphie électrique.

MESSIEURS LES ANGLAIS, TIREZ LES PREMIERS !
LA LIGNE DE ROUEN. — OU LES EMPLOYÉS NE DORMENT PAS.
PROGRÈS. — DU FIL A RETORDRE.

Le premier télégraphe électrique fut construit par M. Wheatstone, en 1838, entre Londres et Birmingham. La France, qui n'aime pas à commencer et qui s'en tient toujours au mot de Fontenoy, s'avisa, au bout de six ans, qu'il pouvait y avoir du bon dans ce nouveau système ; et comme il fonctionnait très-bien chez nos voisins, on se décida à établir, sur le chemin de fer de Paris à Rouen, une première ligne à titre d'essai ! Comme c'est bien nous ! C'était en 1844 que se passait ceci, et en 1847 nous ne possédions encore que cette ligne de 145 kilomètres.

Avant cette date de 1838 devraient se placer les détails de l'invention et des découvertes sur le magnétisme et sur l'électricité qui en ont précédé l'application à la télégraphie. Mais je suis bien sûr que mes lecteurs m'en feront grâce. Cette magnifique industrie est une œuvre collective, et nul ne serait fondé à en réclamer la paternité. Faisons un groupe des principaux savants dont le nom doit y demeurer attaché : Volta, Sœmmering, Coke, Œrstedt, Ampère, Arago, Faraday ; MM. Ohm, Pouillet, Becquerel, Daniell,

Bunsen, Alexander (d'Édimbourg), le baron Shilling, Vorselmann, Weber, Gauss, Amyot, Bréguet, Masson, Davy, Steinhell, Morse, Wheatstone, House, Hughes, Caselli, Bonelli, et ajoutons un *etc.* aussi compréhensif qu'on voudra.

Les commencements de notre télégraphie furent bien modestes. Beaucoup de gens pensaient qu'elle n'avait pas le moindre avenir. Un de mes amis, qui y était entré à la création, abandonna presque aussitôt une carrière qu'il jugeait sans issue. Il faut tout dire : le service à cette époque manquait de douceur. Dans l'unique bureau, le croira-t-on? il n'y avait pas de garçon de bureau ! Les employés cumulaient toutes les fonctions désagréables. Avant de prendre leur service, ils *balayaient la salle* et époussetaient les tables. Ce premier devoir accompli, ils faisaient la pile, occupation à laquelle la propreté restait absolument étrangère. Puis ils transmettaient et recevaient les dépêches, les expédiaient, et, dans les premiers temps que la télégraphie fut mise à la disposition du public (1er mars 1851), les *portaient à domicile*. Ce n'était vraiment pas un métier de fainéant. Peu à peu, cependant, l'Administration se constitua, obtint des crédits et imprima à la construction des lignes une impulsion vigoureuse.

Laissons parler les chiffres, qu'on dit éloquents. Au lieu des 145 kilomètres que nous avions en 1847, nous possédions, au 1er janvier 1863, sans compter les lignes établies en Algérie, au Sénégal et en Cochinchine, 28,671 kilomètres de lignes comprenant

88,238 kilomètres de fils et 1,022 bureaux ouverts à la correspondance privée.

D'après l'*Exposé de la situation de l'Empire*, qui vient d'être publié (15 novembre 1863), l'Administration a construit cette année 1,308 kilomètres de lignes, posé 5,362 kilomètres de fils et ouvert 96 bureaux, ce qui porte le nombre des kilomètres de lignes construites au 15 octobre 1863, Algérie et colonies non comprises, à 29,979; celui des kilomètres de fils à 93,600 et celui des bureaux à 1,118 (530 à l'État et 588 aux chemins de fer).

LIGNES AÉRIENNES, SOUTERRAINES ET SOUS-MARINES

LIGNES AÉRIENNES.

Construction. — Tracé. — Longues et petites portées. — Supports. — Injection des bois. — Cloches. — Harpes éoliennes.

Les lignes aériennes sont établies sur le bord des voies de fer ou des grandes routes. Les règles à observer pour le tracé sont, par conséquent, fort simples. On doit le faire aussi direct que possible, tout en évitant les angles trop brusques et le rapprochement trop grand de plusieurs supports consécutifs. La distance à maintenir entre les poteaux varie suivant la nature du terrain et s'étend de 70 à 125 mètres. Les portées plus grandes sont utiles dans certains cas, tels que la traversée des villes, et obligatoires dans quelques-uns.

Dans la ligne de Blidah à Médéah, par exemple,

la route, qui est de 20 kilomètres, suit un ravin étroit, resserré entre des parois escarpées et abruptes, connu sous le nom de *Gorges de la Chiffa*. Sur ce long parcours, on ne compte que 40 supports, dont la plupart s'élèvent sur les crêtes qui dominent le ravin à des hauteurs qui atteignent jusqu'à 100 mètres. Sur ces cimes, qu'on ne gravit qu'à l'aide de cordes et d'échelles, il ne pouvait être question d'amener des poteaux. Heureusement on y a trouvé des chênes verts assez vigoureux pour en faire l'office, et nos fils ont été installés sur ces arbres.

Les meilleurs supports, les seuls du reste dont on se serve en France, sont les brins de sapin injectés au sulfate de cuivre. Je pense qu'on lira avec plaisir quelques détails sur cette opération.

Le bois exposé à l'air et à la pluie se décompose rapidement, et cette décomposition est surtout occasionnée par les matières albumineuses azotées qu'il contient. En outre ses fibres ligneuses servent de nourriture à des insectes qui les broient et les désagrégent. On a donc cherché des agents chimiques capables de prévenir les altérations des poteaux. Parmi les antiseptiques essayés, on a reconnu que le sulfate de cuivre fournissait les meilleurs résultats, tant comme substance conservatrice du tissu ligneux que comme toxique à l'égard des vers, tarets et autres xylophages. Cependant en Prusse on emploie le chlorure de zinc et en Angleterre la créosote.

Il y a plusieurs procédés d'imprégnation : 1° le procédé par immersion, le premier mis en usage, a été abandonné comme ne produisant pas des effets assez satisfaisants ; 2° le procédé par pression en vase clos, système Bréant et Bethell, modifié par MM. Légé et Fleury-Pironnet, a été employé avec succès. Mais il a l'inconvénient de ne s'appliquer qu'au bois sec ; 3° le procédé Boucherie qui s'applique exclusivement aux bois verts et en grume, et qui a été adopté par l'Administration. Il est fondé sur le déplacement et l'expulsion de la séve au moyen de la pression et de la filtration du liquide à injecter. La dissolution la plus convenable doit contenir 1 kilogramme de sulfate de cuivre pour 100 kilogrammes d'eau.

Un poteau bien injecté, c'est-à-dire renfermant 5 kilogrammes de sel par mètre cube, défie toute altération pendant une période qu'on estime à vingt ans et plus. Les essences qui s'imprègnent le mieux sont le pin, le hêtre, le sapin, le charme, le platane, le peuplier, l'aune, et généralement tous les bois tendres. Dans le chêne, le cœur, qui forme la partie la plus considérable, résiste complétement à la pénétration.

Les poteaux sont plantés dans un lit de ciment. Il arrive quelquefois, dans les courbes, que l'écartement tangentiel d'un support est trop grand, alors on le consolide à l'aide de contre-fiches ou mieux de poteaux jumelés.

On se sert pour isolateurs de cloches à crochets ou de cloches-arrêts en porcelaine, afin de diminuer la dérivation des courants par les poteaux.

Les fils de fer galvanisés sont ensuite adaptés à ces cloches. Ils sont espacés à 0^m,50 pour éviter les mélanges. Leur diamètre varie de $0^m,004$ à $0^m,006$. Leur nombre ne dépasse pas cinq en général, et le fil inférieur ne doit pas descendre à moins de $3^m,50$ au-dessus du sol. On les tend au moyen de moufles ; de plus, de distance en distance, les poteaux sont munis de tendeurs qui servent à régler la flèche. Pour joindre les fils, on se sert de la torsade ou de la soudure à l'étain. Un fil peut supporter une tension de 75 à 100 kilogrammes.

Il y a des personnes que les progrès de la télégraphie empêchent de dormir : ce sont celles dont la chambre à coucher est voisine des consoles qui soutiennent les fils dans la traversée des villes. Ces fils sont constamment en vibration et produisent un son très-intense, d'autant plus aigu que les fils sont plus tendus. Cette vibration est causée par le vent, et non pas du tout par le passage du courant électrique, ainsi que je l'ai entendu dire à beaucoup de gens qui veulent à toute force voir ou entendre l'électricité. L'Administration pourrait utiliser cette propriété pour établir des harpes éoliennes avec des accords de tierce, de quinte et même de septième diminuée, et l'accordeur de pianos de la ville serait chargé de régler chaque jour la tension des fils. Mais il ne paraît pas qu'elle y ait songé. J'ai connu à Saumur le propriétaire d'un fort bel hôtel, qui demandait une indemnité fabuleuse pour le dérangement que ce bruit causait à ses clients. Je crois bien qu'il ne les dispensait pas pour cela de payer leur gîte ; mais ce qu'il recevait d'eux pour le sommeil qu'ils n'avaient pas pris, il le réclamait à l'État pour le sommeil qu'ils auraient dû prendre. Malgré l'apparence, ses prétentions avaient quelque fondement.

Aujourd'hui, pour parer à cet inconvénient, on met dans la plupart des villes des lignes souterraines.

LIGNES SOUTERRAINES

Premiers essais. — Traversée des tunnels. — La télégraphie dans l'égout collecteur.

Le premier essai de lignes souterraines fut fait en mars-juillet 1855. Il consistait à encastrer des fils de fer nus dans un mastic de bitume. Une première ligne fut construite dans ce système par MM. Baudouin frères. Elle allait du Ministère de l'Intérieur au Louvre, à la Bourse et à l'Hôtel de ville. Ce procédé se généralisa avec quelques modifications pour les lignes aboutissant aux chemins de fer de la rive droite, en 1856. Mais il s'y manifesta des mélanges et des pertes. On essaya alors, sur les lignes qui vont aux chemins de Lyon et de la rive gauche, de câbles formés de fils de cuivre rouge recouverts de gutta-percha, enveloppés de rubans de coton goudronnés, tordus et renfermés dans un tube de plomb; et plus tard, sur la ligne de la Préfecture à la gare de Dijon, de câbles sans armature métallique, entourés d'un guipage de coton injecté au sulfate de cuivre et goudronné, qu'on noya dans du béton.

Pour la traversée des tunnels on s'est servi de

câbles déposés sur des linteaux en hêtre injectés et fixés à la voûte par des clous à pattes galvanisés.

Mais le nouveau système d'égouts adopté à Paris a permis d'installer des lignes souterraines qui présentent, avec de sérieuses garanties de durée, une grande facilité de surveillance et d'entretien. Les conducteurs, au nombre de trois, cinq et sept, recouverts de gutta-percha, sont enfermés dans des câbles de rubans goudronnés que protége une gaîne de plomb à coulisses mobiles. Les câbles sont placés sur des crochets en fer galvanisé, distants les uns des autres de $0^m,80$ et scellés à la partie supérieure de la voûte. Lorsque les lignes souterraines ne peuvent être établies dans les égouts, l'Administration fait enfermer les conducteurs dans des tuyaux en fonte semblables aux conduits des eaux et du gaz.

CABLES SOUS-MARINS.

Dix de perdus, un de retrouvé. — Fabrication. — Le premier câble de Calais à Douvres. — Le transatlantique. — 17 heures pour une dépêche. — Tout est rompu ! — Les petits mordent. — Mais les autres ?... — Où sont les câbles d'antan ? — Carte du sol océanique. — *Deep-sea* et *Shore-end*. — Câbles de fer, câbles de cuivre, câbles de chanvre, câbles de bois.

D'après un état publié par le gouvernement anglais en 1861, la longueur totale des câbles immergés était de 18,884 kilomètres, dont 4,800 seulement fonctionnaient encore, et 14,000 étaient hors de service. La situation n'a pas beaucoup changé depuis. C'est, comme on voit, un succès très-relatif. On a déjà abondamment écrit sur cette grosse question des câbles sous-marins. La *Revue des Deux-Mondes* vient de publier sur ce sujet trois articles.... très-profonds. Mais les résultats obtenus jusqu'à présent ne sont pas faits pour nous enorgueillir beaucoup.

Dans tous les câbles construits récemment on remarque les mêmes principes généraux : le conducteur central est un fil de cuivre ou une corde de fils d'un faible diamètre, qui sont isolés d'abord par un revêtement de gutta-percha, puis enveloppés chacun de chanvre imprégné d'une matière résineuse, et protégés enfin à l'extérieur par des fils de fer ou d'acier enroulés en hélice. Cette armature externe varie suivant la profondeur; j'en dirai les raisons tout à l'heure. Les câbles ainsi préparés sont immergés à l'arrière de steamers ordinaires au moyen de freins qui permettent de régulariser le déroulement selon la vitesse, qui est en moyenne de 4 à 6 nœuds.

C'est toute une industrie en Angleterre que la confection de ces câbles. Les maisons Glass et Elliot, Newal and C° en fournissent à toute l'Europe.

Le premier essai de télégraphe sous-marin fut exécuté entre l'Angleterre et la France le 28 août 1850. Il ne réussit pas tout d'abord : on s'était servi d'un fil trop peu résistant qui fut brisé. On eut alors l'idée de se servir d'un câble à peu près semblable à ceux que je viens de décrire. La pose en fut effectuée par M. Brett l'année suivante, et la ligne de Douvres à Calais (distance, 25 milles) fut inaugurée le 13 novembre 1851. Toutefois, l'honneur de l'invention appartient à M. Wheatstone, qui en avait fourni le plan dès 1841.

Je n'énumérerai pas tous les câbles posés depuis. Je saute à pieds joints par-dessus celui de Douvres à Ostende, posé en mai 1853 (longueur, 70 milles); celui de Sheveningen (Hollande) à Oxford (Angleterre), posé en 1853, et autres, pour arriver au fameux câble transatlantique immergé entre l'Irlande et Terre-Neuve, le 5 août 1858, sur une longueur de 2,050 milles. Le message de la reine d'Angleterre, transmis à cette occasion au président des États-Unis, renfermait 99 mots : commencé le 16 août, à 10 heures 50 minutes du matin, il ne fut terminé que le lendemain 17, à 4 heures 30 minutes du matin. Il avait fallu 17 heures 40 minutes pour passer cette courte dépêche. Ce n'en furent pas moins des félicitations enthousiastes échangées entre les deux mondes. Mais la joie du triomphe fut de courte durée. Deux mois après la pose, le câble fut détruit. Tout était rompu entre John Bull et le cousin Jonathan ! Il avait fonctionné pendant 23 jours et avait transmis 3,942 mots. On n'a pu le relever, cela se conçoit de reste, et quant à le remplacer, il en est toujours question.

Des savants, venus après le désastre, selon l'usage, ont expliqué la lenteur de la transmission par la théorie que le courant se condense dans les fils souterrains et sous-marins, et subit un retard proportionnel au carré de la distance. D'autres ont indiqué les causes de la rupture. Aucun, jusqu'à ce moment, n'a dit ce qu'il fallait faire pour réussir.

L'immersion en petite profondeur et sur de courts trajets s'accomplit presque toujours heureusement. Aussi notre communication avec l'Angleterre est-elle richement organisée et assurée sur quatre points : la ligne de Douvres à Calais (4 fils), établie en 1851 ; celle de Folkstone à Boulogne (4 fils), en 1859 ; un câble à 6 fils entre Dieppe et New-Haven, et un autre de Piron aux îles de la Manche, Jersey, Guernesey et Aurigny, posé en 1861 et 1862.

Mais il n'en va pas de même quand l'opération s'exécute à de grandes profondeurs. Le premier câble de Malte à Alexandrie s'est brisé pendant l'immersion (1859). Les câbles de Cagliari à Bône, de Cagliari à Malte et de Malte à Corfou, de Toulon à Ajaccio, ont cessé de fonctionner. Beaucoup ont été entièrement perdus.

La pose du câble d'Alger (1861) est la première qui ait complétement réussi en mer profonde, toutefois après des essais malheureux. La longueur était considérable : 844 kilomètres, divisés en deux sections, celle de Port-Vendres à Mahon (418 kilomètres) et celle de Mahon à Alger (426 kilomètres). Combien a-t-il duré, ce câble? Un an, pas davantage. Au bout de ce temps, la deuxième section ne donnait plus de signaux. On vient d'en commander un autre en Angleterre. Sera-t-on plus heureux cette fois? On doit remplacer la gutta-percha par la gomme élastique. Espérons que la gomme élastique fera merveille (1) !

La longueur du parcours et les accidents du sol sous-marin constituent des difficultés qui seront surmontées un jour, sans nul doute, mais dont on n'a pas encore triomphé.

Une carte orographique de la mer faciliterait singulièrement la télégraphie sous-marine. Le sol de la mer est aussi tourmenté que le sol terrestre; on y passe brusquement d'une profondeur de 500 mètres à une de 3,000 mètres. Des îles volcaniques, telles que les Açores, ou des îles coralliennes, comme les Bermudes, surgissent au milieu d'une eau dont le fond est de 7,000 mètres. Il importe de trouver des sortes de plateaux peu accidentés, analogues à celui que M. Maury a baptisé du nom de *plateau télégraphique*, qui s'étend entre Terre-Neuve et l'Irlande, celui-

(1) L'*Exposé de la situation de l'Empire* dit : « L'Administra- « tion a acheté un navire pourvu des machines les plus perfec- « tionnées qui soient connues pour la pose et le relèvement des « câbles, et elle se propose d'exécuter dorénavant elle-même « toutes les opérations auxquelles donnent lieu l'établissement « et l'entretien des lignes sous-marines. C'est ce navire qui, « après avoir immergé un câble à forte armature entre le conti- « nent et Belle-Isle, va jeter un câble léger d'Oran à Carthagène, « puis relever et réparer les câbles directs de l'Algérie et de la « Corse. Enfin, en organisant des réserves suffisantes, l'adminis- « tration espère qu'on ne verra plus, dans les communications « une fois établies, ces interruptions de longue durée qui lèsent « tant d'intérêts. »

Espérons ! Ce n'est pas moi qui irai graver sur la porte de la rue de Grenelle-Saint-Germain, numéro 103, la sombre injonction : *Lasciate ogni speranza, voi ch'intrate!*

là même qui a supporté le câble transatlantique de
1858, et dont le prolongement a été reconnu par
M. Shaffner propre à l'immersion d'un nouveau câble qui passera par l'Islande et le Groënland. Nous
en arriverons bientôt à posséder des cartes orogra-
phiques de tous les Océans. Les Américains étudient
le Pacifique, — je veux dire étudiaient, car leurs
goûts ont bien changé. — L'Atlantique, exploré persévéramment par eux et par les Anglais, commence
à être aussi connu que la Suisse. La Méditerranée, ce
lac français, nous revient naturellement. Mais les
Anglais, naturellement aussi, y font plus de besogne
que nous.

Ce n'est pas que le danger soit plus grand en mer
profonde qu'en basse mer. L'inverse est plutôt vrai.
Le tout est d'y arriver sans encombre. On n'a rien à
y craindre des courants : ils n'atteignent pas les
grandes profondeurs. Le *Gulf-Stream* lui-même, ce
fleuve d'eau chaude qui descend du golfe du Mexi-
que avec une vitesse de 4 milles à l'heure et une
température de 30 degrés, et se précipite au pôle
boréal en passant par Terre-Neuve et en réchauf-
fant les Iles Britanniques, l'Islande et la Norwége, n'é-
tend pas son action au-dessous de 2 ou 300 brasses.
Plus bas les eaux se trouvent froides et immobiles.

En mer profonde (*deep sea*) un câble est donc à
l'abri des courants et des dangers ordinaires. Le fond
y est revêtu d'une couche de boue visqueuse qu'on
a appelée *oaze*, et les frottements n'y sont pas à re-
douter. De plus, en présence des inconvénients que

présentent les fortes armatures, telles que le poids qui rend tout relèvement impossible, — les corps étant soumis dans les profondeurs considérables à une pression énorme, 400 atmosphères pour 4,000 mètres, c'est-à-dire chaque millimètre carré supportant un poids de 4 kilogr., — il y a tout avantage à ne pas armer ou à n'armer que faiblement les parties du câble qui doivent être immergées dans ces conditions. Aux abords des côtes, au contraire, par un fond de 60 à 80 mètres (ce que les Anglais nomment *shore-end*), où la mer est bouleversée par les vents, les vagues et les marées, on ne saurait trop garantir le câble contre les rochers et les accidents de toute nature. Le câble posé entre Malte et Alexandrie a été fabriqué sur ces données. Il est composé de quatre parties dont le poids varie suivant la profondeur qu'elles doivent occuper : 1° 60 milles de câble *shore-end*, immergé à une profondeur moyenne de 50 brasses ; 2° 60 milles de *shore-end* moins lourd, immergé par 100 brasses ; 3° 940 milles de *deep-sea*, pesant moitié moins que le précédent, immergé par 600 brasses ; 4° enfin, 360 milles de *deep-sea* plus léger encore, immergé par 2,600 brasses. Cette dernière section pèse proportionnellement cinq fois moins que la première.

A l'exemple de son confrère d'Alger, ce câble a fonctionné toute une année. Puis il a fait relâche pendant plusieurs mois, comme l'Odéon. Il a repris à la fin d'août. Aujourd'hui je n'ose pas demander de ses nouvelles.

On pose en ce moment une infinité de câbles — sur le tapis. J'en voudrais voir installer seulement un, mais bien solide, cette fois, entre Valentia et Trinity-Bay, je suis sûr qu'après cela les autres marcheraient tout seuls.

Ces lignes étaient écrites quand les journaux, à la date du 8 décembre 1863, donnaient la nouvelle suivante :

« Après avoir posé avec beaucoup de succès le câble électrique de Belle-Isle à Quiberon et de l'île de Groix à Lorient, l'aviso à vapeur de la marine impériale *le Dix-Décembre* a jeté l'ancre à la fin de novembre devant Charlton-Pier. Ce navire, qui dépend à la fois des ministères de l'Intérieur et de la Marine et qui n'est francisé que depuis peu, a été acheté en Angleterre, il y a quelques mois, par les soins de M. de Vougy, le directeur général des lignes télégraphiques.

« Après avoir servi au transport des charbons de Newcastle à Londres, il a subi une transformation des plus heureuses, et va être employé uniquement pour la pose des câbles électriques. On en embarque un en ce moment de la longueur de 300,000 mètres, qui reliera Carthagène à Oran, et qui a été confectionné pour le gouvernement français par M. Siemens, cet habile et intelligent ingénieur que l'Angleterre a enlevé à l'Allemagne.

« Le câble de M. Siemens est d'un nouveau modèle et le premier que l'on ait fabriqué de cette longueur.

Il est composé d'une âme en cuivre enveloppée de trois couches de gutta-percha.

« Sur la gutta-percha sont enroulées, en sens inverse, deux couches de filin. Sur ce filin est placée une cuirasse en cuivre enroulée en spirale, et de manière qu'une bande recouvre à peu près la moitié de la bande qui précède. Ce câble pèse environ 200 kilogrammes par kilomètre.

« L'opération de l'embobinage est commencée depuis plusieurs jours et offre presque autant d'intérêt qu'en offrira la pose même du câble.

« Le *Dix-Décembre* quittera Charlton-Pier vers le 15 de ce mois, et avant la fin de l'année, grâce à l'initiative et à l'incessante activité de M. de Vougy, les communications électriques seront établies entre Carthagène et Oran. »

Établies, nul n'en doute; mais c'est maintenues qu'il faudrait (1). Le cuivre s'oxyde, le chanvre est dévoré par les insectes. Aussi chaque constructeur essaie-t-il des procédés nouveaux. Le câble du golfe Persique, que le gouvernement anglais fait immerger en ce moment pour remplacer le câble de la mer Rouge (encore un câble malheureux qui n'a vécu que quelques semaines), a été enveloppé par M. Henley d'une composition d'asphalte, de goudron de Stockholm et de poudre de silice. Sur quoi le

---

(1) Hélas, pas même établies! Ces mêmes journaux, si confiants, ont raconté la chute déplorable du câble. Après deux tentatives également funestes, M. Siemens a remporté sa... bobine.

Times s'écrie qu'il n'y a pas de raison pour qu'un tel câble ne dure pas un siècle.

Un siècle ! Respectons les illusions du patriarche des journaux anglais.

Du reste, sur cette question vitale pour la télégraphie, l'empirisme se donne librement carrière. Voici M. Duncan, ingénieur anglais, qui propose de substituer à l'armature métallique des câbles une armature en rotin de Chine. Les Chinois se servent du rotin en beaucoup de cas, sans compter celui où ils battent leurs femmes. On pense que des câbles en rotin seraient légers, résistants et inattaquables aux végétations et aux insectes sous-marins. Qu'on en fasse !

CHAPITRE III

Piles

QU'EST-CE QUE L'ÉLECTRICITÉ ? — PILES BUNSEN, DANIELL, MARIÉ-DAVY. — PILE CÉLESTE.

On sait que les piles fournissent le courant électrique. Ce serait peut-être le moment de dire ce que c'est que l'électricité. Il n'y a à cela qu'une difficulté : c'est qu'on n'en sait rien. Est-ce un être ? un fluide ? un mouvement ? un mode ? Ce sera, si vous voulez, le *nescio quid divinum* des modernes.

Sans entrer dans des détails techniques sur la composition des piles, je me bornerai à dire un mot de celles dont on s'est servi jusqu'ici en France.

A l'origine (1845) on a employé, sur la ligne de Paris à Rouen, la pile Bunsen. On en connaît la composition : un cylindre de zinc amalgamé plongeant dans un vase de terre poreuse, celui-ci dans un cylindre de charbon, et ce dernier enfin dans un vase en verre. Le vase en verre est rempli d'acide nitrique et le vase poreux d'acide sulfurique dilué. Mais les variations d'intensité du courant que produit cette pile, les soins et la dépense qu'elle exige, et les émanations malsaines qu'elle dégage, en ont décidé l'abandon.

La pile Daniell, modifiée par M. Bréguet, remplace l'acide sulfurique par l'eau simple, l'acide nitrique par une dissolution de sulfate de cuivre, et substitue au charbon une lame de cuivre. Plus faible et plus résistante que celle de Bunsen, elle fournit un courant bien plus constant; elle est d'un entretien plus facile et moins dispendieux, et n'engendre pas de gaz désagréables. Elle a été adoptée dès longtemps sur tout notre réseau. En 1859, 12,000 éléments de cette pile faisaient le service des 180 bureaux de l'État. A la station centrale du Ministère de l'Intérieur on en employait 1,500 pour desservir les 80 fils qui s'irradiaient de là à la province et à l'étranger, et un seul homme suffisait à les entretenir.

Mais la pile imaginée en 1858 par M. Marié-Davy réunit encore à un plus haut degré que la pile Daniell les qualités qu'exige un bon service télégraphique. Une lame de charbon au lieu d'une lame de cuivre, et la dissolution de sulfate de cuivre rem-

placée dans le vase poreux par une pâte formée avec
de l'eau et de la poudre de sulfate insoluble de pro-
toxyde de mercure, tel est le changement apporté
par M. Marié-Davy à la pile Daniell. Le courant ainsi
obtenu est d'une grande constance. La résistance est
moindre, puisque 38 éléments de cette pile fournissent la même intensité de courant que 60 éléments
Daniell, et, dernier avantage, ils peuvent, sans aucun
entretien, faire fonctionner les appareils pendant six
mois.

S'en tiendra-t-on à cette pile? Rien n'est moins
probable. En télégraphie tout peut changer d'une
année à l'autre. Le progrès y a des ailes. On a essayé
déjà de remplacer les piles hydro-galvaniques par des
courants d'induction. On n'a pas réussi encore en
France. Mais en Bavière les appareils magnéto-électriques fonctionnent depuis 1856 et donnent d'excellents résultats. Les chemins de fer bavarois emploient
200 appareils de ce genre, construits par MM. Halske
et Siemens. Ce système, dit M. Breitenbach, réunit,
sous une forme simple, tous les organes, tout le matériel nécessaire au service. La vitesse de la transmission est pour ainsi dire illimitée, et les dérangements sont extrêmement rares.

Voilà donc un système parfait en Bavière, déplorable en France. Saura-t-on jamais pourquoi? Vérité
de ce côté-ci de la rivière, erreur au delà !

Je ne puis pourtant pas passer sous silence une
pile très-curieuse, qui ne vaut pas sans doute celle
de M. Marié-Davy, mais qui a bien son mérite et son

originalité ; je veux parler des *piles célestes*, autrement dit aurores boréales. On a remarqué, en effet, qu'elles donnent un courant qui peut suffire à faire marcher les appareils.

Une observation, due à M. Georges B. Prescott, directeur du télégraphe à Boston, établit dans les plus grands détails que, le vendredi 2 septembre 1859, on a travaillé de Boston à Portland, durant plusieurs heures, en supprimant la pile ordinaire et en se servant uniquement du courant de l'aurore. Ces Américains ne doutent de rien.

CHAPITRE IV

Appareils.

Les appareils destinés à la transmission des dépêches se sont succédé en très-grand nombre ; à un moment, chaque pays avait le sien ; c'était la confusion des langues. On reconnut bientôt la nécessité d'employer un système unique, et, d'un commun accord, l'appareil Morse, avec un alphabet uniforme, fut adopté dans toute l'Europe pour les relations internationales. Je ne dirai qu'un mot des divers appareils dont on s'est servi en France jusqu'à ce jour, en suivant l'ordre de leur mise en usage.

Appareil à cadran. — Tout le monde le voit fonctionner dans les stations des chemins de fer. On lui a appliqué les appellations ironiques de macaron, de moulin à café, etc. Il a bien pris la chose, et continue sa carrière — comme le dieu du poëte. Sa lecture facile le rend très-précieux pour les Compagnies, qui le conserveront sans doute. On le doit au célèbre physicien anglais M. Wheatstone, l'un des plus féconds inventeurs en cette matière.

Appareil anglais à aiguille aimantée. — Il se compose d'un galvanomètre vertical dont l'aiguille aimantée se meut à droite ou à gauche, suivant la direction du courant. Une inclinaison à droite signifie une lettre, — M, je crois; deux inclinaisons indiquent un N; trois un O; deux inclinaisons à gauche un A, trois un B, etc. Cet appareil a servi peu de temps.

Appareils français à signaux. — Le récepteur est muni de deux aiguilles en mica, qui, sous l'influence du courant et au moyen d'une roue à échappement, forment des angles dont les combinaisons constituent des signaux à peu près semblables à ceux du télégraphe aérien. Ainsi l'angle ⟨ représente un A; ⌐ un B; ⟋ un C, etc. Cet appareil, dû à M. Bréguet, a été d'un usage général en France pendant plusieurs années. Mais, comme les deux précédents, il avait l'inconvénient de ne pas laisser de traces de la transmission.

Appareil américain Morse. — Ici les signaux sont marqués par un style sur une bande de papier qui se déroule sous l'action d'un mécanisme d'horlogerie, et sont formés de traits et de points. Primitivement, le style traçait sur le papier une saillie visible seulement par l'ombre projetée. MM. Digney frères ont perfectionné ce détail, et leur style, qui se charge lui-même d'encre d'imprimerie, marque les signes en bleu. Le point est produit par un courant d'une durée très-courte, et le trait par un couraut d'une durée un peu plus longue. Ainsi un point et un trait •— signifient A ; un trait et trois points —••• B ; un trait, un point, un trait et un point —•—• C ; un trait et deux points —•• D ; etc.

Cet appareil, facile à régler, d'un mécanisme simple et solide, et laissant des traces matérielles des dépêches, conquit bien vite la faveur universelle.

Le mérite de cette invention reçut, en 1858, une sanction éclatante. Les gouvernements européens s'entendirent pour offrir au professeur Morse une somme de 400,000 francs, à titre de récompense, pour les services que son appareil leur avait rendus jusqu'à cette époque. Le vénérable savant jouissait déjà d'une fortune honorablement acquise et de l'estime de son pays. Ce témoignage flatteur de la reconnaissance de l'Europe alla le trouver dans sa retraite, à Pougheepsie, et mettre le sceau à sa gloire.

La vitesse avec laquelle on transmet les signaux est très-variable. Elle est évaluée, en France, à quinze mots de six lettres en moyenne par minute.

On prétend que les meilleurs employés américains passent trente-trois mots dans le même espace de temps. Qui prétend cela ? Les Américains eux-mêmes. Faut-il s'en rapporter à eux ? Je ne cache pas que

j'aimerais mieux le voir. Tous les Gascons n'habitent
pas les rives de la Garonne.

Appareil imprimant Hughes.—Celui-ci imprime directement les dépêches en caractères romains. Il est
fondé sur le synchronisme des mouvements de deux
axes placés chacun à l'extrémité d'un fil métallique.
Un système de rouages armé de la roue des types,
est mis en mouvement par un poids et réglementé
par une lame vibrante. Il entraîne avec une grande
vitesse, sur un cercle fixe, l'organe destiné à donner
le contact électrique. Un clavier de piano porte,
comme la roue des types, toutes les lettres de l'alphabet, un point et un blanc. Lorsqu'on presse la
touche d'une lettre, une petite languette métallique
sort du cercle fixe, au point correspondant à cette
lettre, sur la circonférence décrite par l'organe des
contacts, et ferme le circuit lorsque l'organe passe.
Le courant ainsi établi paralyse une partie du magnétisme d'un électro-aimant, dont les armatures
fixes sont des barreaux aimantés. L'armature mobile, sollicitée par un ressort, se détache et agit sur
un excentrique qui fait butter le papier contre la
roue des types. Deux appareils semblables placés
aux deux bouts d'une ligne, et marchant synchroni-
quement, constituent le système du professeur américain Hughes dont l'Administration a acquis le droit
d'exploitation en France.

Une seule émission de courant suffit pour faire
une lettre, tandis que le système Morse en exige
trois en moyenne. L'appareil Hughes travaille donc

trois fois plus vite. L'impression en lettres ordinaires diminue ensuite les chances d'erreur. Mais il est très-délicat à manier, et exige une ligne en très-bon état. Il fonctionne sur quelques lignes de France : Paris-Havre, Paris-Lille, etc. Il est employé aussi en Angleterre et en Italie.

APPAREILS ÉLECTRO-CHIMIQUES CASELLI ET BONELLI.

§ 1. — Appareil autographique ou pantélégraphe de M. Caselli.

C'est le plus étonnant par ses résultats. Il n'imprime plus des signes, comme le Morse, ni des lettres romaines, comme le Hughes ; il reproduit une dépêche originale avec tous ses caractères matériels, avec la signature si compliquée d'arabesques qu'elle soit : il transmet des dessins, des plans, de la musique, tout ce qu'on veut, en un mot, et ouvre ainsi à l'infini le champ des transmissions.

J'en parlerai avec quelque détail, à cause de sa nouveauté et de l'intérêt qui s'y attache.

L'appareil se compose essentiellement d'un pendule établi à chacune des extrémités d'un fil métallique. Le système Hughes repose sur le mouvement parfaitement synchrone de deux axes. C'est aussi le synchronisme le plus rigoureux qui sert ici de base, mais appliqué cette fois aux mouvements de deux pendules. Chacun de ces pendules met en jeu, à chaque oscillation qu'il décrit, un style très-fin qui touche de sa pointe, suivant une ligne droite, une feuille de papier placée sous lui. Chaque oscillation fait en outre avancer horizontalement le style d'une quantité égale à l'épaisseur de la pointe, en sorte qu'après un certain nombre d'oscillations, cette pointe se sera promenée sur toute la surface de la feuille de papier. Ayez deux pendules synchrones : la même ligne sera parcourue en même temps par les deux styles.

Ceci bien compris, imaginez qu'on place sous le style du pendule de *départ*, une feuille de papier argenté sur laquelle sont tracés à l'encre la dépêche ou le dessin dont on veut envoyer le fac-simile, et sous le style du pendule *d'arrivée* une feuille de papier de fil préalablement trempée dans une dissolution saline (cyanure de potassium par exemple). Qu'on mette alors les pendules en mouvement et qu'on fasse passer par le fil un courant électrique : voici ce qui va arriver. Le style, en passant, suivant la marche déjà indiquée, sur toute la surface du papier métallique, rencontrera tantôt la partie métallique nue de cette surface et tantôt la partie couverte par l'encre. Or, quand il touche la surface métallique, comme cette surface est en communication avec la terre, l'électricité s'écoule et rien ne se reproduit au bureau d'arrivée; mais, dès qu'il touche la partie écrite, si fine qu'elle soit, l'isolement se fait, et le courant, au lieu de se perdre dans le sol, suit le fil jusqu'au style d'arrivée, lequel, touchant alors le papier chimique, y fait apparaître une marque colorée correspondant exactement à la partie écrite que le style de départ vient de toucher. On voit tout de suite que dans une seule oscillation du pendule le courant est émis et interrompu un nombre de fois considérable et qu'il marque autant de traits colorés qu'il y a eu de ces émissions, et l'on conçoit très-facilement que, lorsque le pendule a fait parcourir au style toute la surface du papier métallique, la surface correspondante du papier chimique est parcourue également tout entière et reproduit avec une exacte fidélité tout ce que l'on a tracé sur l'autre.

Le pantélégraphe Caselli, essayé depuis le mois d'août 1862, entre Paris et Amiens, et entre Paris, Lyon et Marseille, sera mis bientôt à la disposition du public. Une loi, votée le 7 mai 1863, permet au gouvernement de percevoir un tarif extraordinaire pour les dépêches à transmettre par cet appareil. Ce tarif doit être assez bas pour ne pas éloigner les expéditeurs, et assez élevé cependant pour que le trop grand nombre de télégrammes ne rende pas le service impossible. Il faut un certain temps pour déterminer ces deux éléments.

Cette invention ne paraît pas appartenir en entier au savant physicien de Florence. M. Backewel a le premier exécuté un appareil de ce genre il y a plus de dix ans. Mais, bien que la théorie soit la même, il y a entre cet appareil et celui de M. Caselli la différence qui sépare l'essai informe du résultat définitif, la marmite de Papin de la locomotive Stephenson. On conçoit que je n'entre pas dans le détail de perfectionnements qui ont exigé plusieurs années d'étude. Je donnerai seulement la conclusion d'un article publié sur cet appareil dans les *Annales télégraphiques*, par le savant M. Th. du Moncel.

« Tout le monde sait que M. Caselli a obtenu,
« avec son télégraphe, des épreuves admirables de
« netteté, et qu'il est même parvenu à reproduire
« des dessins faits à la plume avec un aspect plus
« attrayant que les originaux, en raison du moelleux
« des traits électro-chimiques qui ont un peu l'ap-
« parence des traits de la gravure à la molette. La
« vitesse de transmission de ce système est d'ailleurs
« relativement grande, puisque les expériences faites
« entre Paris et Lyon ont donné une moyenne de
« quinze mots par minute (soit soixante-quinze let-
« tres par minute). Ainsi, avec des appareils bien
« servis et en n'admettant aucune perte de temps, on
« pourrait transmettre quarante dépêches de vingt
« mots par heure. C'est déjà, comme on le voit, un
« très-beau résultat; mais l'avantage le plus grand de
« ce télégraphe sous le rapport de la rapidité de la
« transmission, c'est qu'il peut se prêter aux dépê-
« ches sténographiées, et tout le monde sait avec
« quelle prodigieuse rapidité on peut écrire avec
« cette méthode, puisque certains signes suffisent
« pour exprimer des phrases. Il est donc présumable
« qu'avec ce système le télégraphe autographique
« pourra dépasser de beaucoup en vitesse tous les
« systèmes connus. Mais ces avantages ne sont pas
« les seuls. Par suite de sa disposition les mélanges
« accidentels qui se manifestent sur les lignes, et qui

« sont si désastreux pour les transmissions télégra-
« phiques ordinaires, sont à peu près insignifiants.
« Il ne peut, en effet, en résulter que la superposi-
« tion de quelques traits étrangers à la dépêche ou
« l'affaiblissement de quelques parties des lignes qui
« la composent ; ce qui n'empêche pas la dépêche
« d'être toujours lisible et un dessin d'être fidèle-
« ment reproduit. Un fait de ce genre s'est produit
« lors des expériences entre Amiens et Paris, et alors
« qu'on transmettait un portrait de S. M. l'Impéra-
« trice. Le mélange s'était produit avec une ligne sur
« laquelle on expédiait une dépêche en langage
« Morse. Le portrait a pu être néanmoins reproduit
« fidèlement ; mais on distinguait dans certaines
« parties plusieurs signaux Morse qui résultaient du
« mélange. Les nouvelles expériences entre Paris et
« Lyon ont fourni des résultats encore plus beaux.
« Ainsi les appareils de M. Caselli ont pu fonction-
« ner sans trouble sur une ligne sillonnée par des
« courants atmosphériques très-intenses, et alors
« que les appareils Morse ne pouvaient pas fonc-
« tionner du tout. Il est impossible que devant de
« pareils faits le système de M. Caselli ne soit pas
« adopté avec empressement. »

§ 2. — Typo-télégraphe de M. Bonelli.

L'appareil de M. Bonelli pare aux difficultés de
l'établissement du synchronisme et à la perte de
temps qui résulte des allées et venues du style de la

manière suivante. Il remplace l'écriture par une composition typographique, et le style par un peigne composé de cinq dents embrassant toute la largeur de la composition, et correspondant à un même nombre de circuits télégraphiques distincts et indépendants. Un chariot passant sur un composteur fait mouvoir à l'autre extrémité de la ligne un autre chariot muni d'un peigne à cinq branches : celui-ci passe sur une feuille de papier sensibilisée et y retrace les émissions et interruptions successives du courant. Telle est l'essence du système. On voit qu'il nécessite cinq fils, et cinq fils également en bon état, ce qui est rare.

M. du Moncel traite cet appareil avec peu de faveur. Il n'y voit qu'un ingénieux appareil de cabinet, applicable tout au plus sur des lignes très-courtes et parfaitement isolées. Mais pourquoi préjuger l'avenir ? Où est l'impossibilité radicale à ce que ce système acquière une perfection qui le rende aussi pratique que tous les autres ?

Essayé d'abord en Angleterre, il a été récemment mis en essai en France et en Italie. Donne-t-il de si mauvais résultats ? soit. C'est qu'il n'est peut-être pas acclimaté. Le sol français lui convient moins sans doute que le sol anglais, si l'on en croit le journal l'*Electrician*. « On a fait récemment, dit-il, plusieurs expériences intéressantes sur les fils de la compagnie Bonelli, entre Liverpool et Manchester. Nous avons eu sous les yeux divers spécimens des dépêches transmises. L'impression produite par le courant sur la bande de papier est nette et parfaitement régulière. La ligne va être ouverte au public. »

L'*Electrician* mentirait-il?

Que l'on songe aux immenses services que rendrait cet appareil qui peut imprimer jusqu'à *trois cents* pages par jour. Faut-il décourager les inventeurs au moment même où ils touchent au but? Je ne le pense pas. Sans doute, cette multitude d'inventions sur un même sujet déroute et fatigue quelque peu. Mais l'effort vers le mieux, qui caractérise notre siècle, est la négation de l'immobilité, du repos systématique, des habitudes prises, et par conséquent de la quiétude, laquelle, je n'en disconviens pas, a sa douceur. Il en faut prendre son parti.

Qu'arrivera-t-il du Morse? Je n'aurai pas la témérité de hasarder un pronostic là-dessus. Tout ce qu'on peut dire, c'est que, dans l'état présent des choses, son existence n'est pas sérieusement menacée. Il conserve sur ses rivaux l'inappréciable avantage de la simplicité. Il peut fonctionner sur une ligne en mauvais état, point important. Enfin, ressource dernière, les signaux Morse peuvent être reçus et transmis même sans appareil.

CHAPITRE V

Réseau.

Les fils télégraphiques couvrent la France d'une immense toile d'araignée. De Paris, point central, ils rayonnent en tous sens, sans confusion et dans un ordre parfait.

Notre réseau est organisé depuis peu sur le modèle du réseau anglais, et comprend quatre sortes de fils :

1° Les fils directs, qui desservent exclusivement deux postes importants ou extrêmes : Paris-Bordeaux, Paris-Lyon, Paris-Marseille, etc. ;

2° Les fils semi-directs, qui ne sont autre chose que des séries de fils directs, généralement plus courts que les premiers et placés à la suite les uns des autres sur le trajet des lignes directes : Paris-Lyon, Dijon-Lyon, etc.;

3° Les fils omnibus, qui relient entre elles toutes les stations d'une même ligne : Paris-Chartres-Le Mans-Laval-Rennes;

4° Les fils départementaux, qui relient au chef-lieu les stations voisines situées à l'intérieur d'un département. Ce sont les dernières ramifications, et comme les veines capillaires où aboutit la vie télégraphique.

STATION CENTRALE.

La rue de Grenelle. — Les stations de Paris.— Où le télégraphe prend une voiture pour aller plus vite. — Les ambassadeurs japonais.

La station centrale de Paris est située dans les bâtiments de la rue de Grenelle-Saint-Germain qu'occupait naguère le Ministère de l'Intérieur. Cent cinquante fils environ y aboutissent. C'est là qu'arrivent, c'est de là que partent tous les télégrammes. On y

est en communication directe avec toutes les capitales. Et si l'on a bien voulu faire attention à ce que
j'ai dit du réseau, on doit comprendre qu'une dépêche partant de Paris arrivera plus vite à Constantinople qu'à Nogent-le-Rotrou.

Il y a en ce moment à Paris 28 stations. Ce nombre
s'accroîtra nécessairement. En voici la liste par
ordre d'importance, je veux dire au point de vue
de leurs produits :

	Chiffre des perceptions en 1862.
Place de la Bourse......................	775,606 f ,62 c
Poste central.........................	253,262 ,12
Hôtel des Postes......................	178,478 ,32
Grand Hôtél (ouvert le 21 juillet).........	62,912 ,28
Notre-Dame-de-Lorette, (idem)..	48,420 ,53
Place du Havre......	102,523 ,57
Hôtel du Louvre......................	82,271 ,42
Boulevard Saint-Denis (ouvert le 12 avril)...	57,469 ,36
Hôtel-de-ville.......................	76,691 ,86
Madeleine (ouvert le 25 février)..........	56,897 ,57
Champs-Élysées.	64,694 ,80
Gare du Nord.	44,081 ,43
Château-d'Eau.	41,500 ,72
Boulevard Sébastopol (rive gauche)........	29,882 ,79
Rue de Lyon.......................	19,481 ,84
Gare d'Orléans.	13,279 ,91
Corps législatif (ouvert le 28 janvier, fermé le 30 juin).........................	4,666 ,17
La Villette.........................	8,774 ,86
Batignolies.........................	5,613 ,38
Bercy..........	4,946 ,85
Ternes.	4,936 ,80
Sénat (ouvert le 3 décembre)...........	359 ,65
Passy............................	4,476 ,88
Gobelins..........................	2,299 ,75
La Chapelle.......................	2,205 ,32

Montrouge.............................   2,187 ,55
Grenelle.............................   1,572 ,35
Magasin central......................   62 ,50

Tous ces postes sont reliés au poste central et lui transmettent leurs dépêches. Seules, les stations de la place de la Bourse et de l'Hôtel-des-Postes font porter les leurs par des voitures spéciales. Ce mode de transport date du mois de novembre 1861. Une voiture part simultanément de chacune des deux stations, Bourse et rue de Grenelle, et parcourt en douze minutes la distance qui les sépare. Au perron du Palais-Royal, un facteur, venu là en six minutes de l'Hôtel-des-Postes, lui donne au passage les dépêches dont il est chargé. A Londres, ce service se fait au moyen de tubes atmosphériques.

Le poste central est une des curiosités de Paris, et il est visité par beaucoup de hauts personnages. En 1862, il a reçu, entre autres, la visite des ambassadeurs japonais. Ils ont demandé divers renseignements à des villes éloignées, à Saint-Pétersbourg notamment, qui était en communication directe avec Paris. L'un d'eux s'est donné le plaisir de transmettre lui-même son nom avec l'appareil Hughes. Ils n'avaient jamais rien vu d'aussi divertissant.

Ils s'oubliaient !

CHAPITRE VI

Télégrammes.

DU ROLE DES PASSIONS EN TÉLÉGRAPHIE. — L'AMOUR.
LA GOURMANDISE. — L'ÉGOISME. — AURI SACRA FAMES. — MODÈLE
DE TÉLÉGRAPHIE CONJUGALE.

Un télégramme simple comprend quinze mots de texte et cinq mots d'adresse. L'adresse dans le texte n'est pas inutile non plus. Quel lit de Procuste, quinze mots! quand on veut dire beaucoup de choses. Il y faut plus que de la concision. Dante y aurait réussi à merveille, lui dont on a dit que son vers se tenait debout par la seule force du substantif. Pourtant les passions s'y trouvent à la gêne, et jamais l'amour n'a pris cet incommode interprète.

Un amant télégraphiera bien à sa maîtresse :

« *Viens.* »

Et celle-ci répondra :

« *Je pars, train de 10 heures 45.* »

Mais cela manque de chaleur, on en conviendra.

Il est vrai qu'autrement les lignes seraient trop encombrées.

Quelquefois un télégramme s'envole minuté de la sorte :

« Paris, dimanch .

« M. X..., officier dragons, Limoges.

« Monsieur sait tout ! Scène affreuse. Madame éva-
« nouie. Venez vite. »   *« ZÉNOBIE. »*

Mais ce n'est que le cri d'effroi d'une soubrette
dévouée. La jalousie, l'amour, n'apparaissent que tout
au fond.

La haine, la colère, l'envie, ne se servent pas davantage de cette voie.

La gourmandise, au contraire, en fait grand usage.
Combien de dépêches dans ce genre :

« Chambon, lundi.

« Chevet, Palais-Royal, Paris.

« Truite saumonée. Pintade truffée. Ananas et pri-
« meurs. Envoyez immédiatement. »

« H. DE V... »

L'égoïsme en sait aussi tirer parti. Exemple :

« Viroflay, jeudi.
« John, rue de Rouen, 152, Paris.

« Préparez dîner. Bordeaux tiède. Feu partout. Ve-
nez chercher gare petit coupé.

« Comte de MONFLANQUIN. »

Mais le grand mobile, celui qui imprime véritablement à la télégraphie son activité, c'est l'esprit de lucre, l'ardeur du gain, l'âme même du commerce.

Veut-on un échantillon des télégrammes qui affluent à la station de la Bourse ?

« Z., agent, Lyon.

« Les Lombards se sont bien tenus, 620. Les Romains sont fermes, 460. Les Autrichiens ont été maltraités, 430. L'Orléans s'est affaissé, 1025. Le gaz a sauté à 1800. Les zincs sont mous, 260. Les Omnibus ne bougent pas, 980. »

Et de ceux-ci qui abondent rue Jean-Jacques Rousseau :

« G., courtier, au Havre.

« La farine est languissante, à 61. Le mouvement des fécules est paralysé. Les cafés sont calmes, à 96. Les grains sont lourds. Les houblons seuls sont animés. »

Ou encore de ceux qu'on apporte à l'Hôtel-de-ville :

« V., Marseille.

« Les huiles de lin s'endorment, à 114,50. L'esprit fin de première qualité est demandé. Les mélasses sont fermes. Les suifs s'écoulent facilement. »

N'admirez-vous pas ce joli langage et ces métaphores audacieuses ?

La nécessité d'abréger le plus possible conduit parfois à des ellipses un peu trop fortes. Je n'en donnerai qu'un exemple ; mais celui-là est historique.

Le maire de la ville de X..., M. V..., est riche. Il est bien portant. Il a épousé une jolie Parisienne. Heureux maire ! dites-vous ? Oui, s'il n'avait manqué à son bonheur un tout petit bout de ruban rouge. Mais rien ne devait lui manquer : il était né coiffé. Ce qui n'étonnera personne, c'est que Mme V... mit à l'accomplissement du désir de son mari plus d'empressement que lui-même. Elle se décida à venir seule à Paris pour donner aux démarches une impulsion plus rapide, utiliser ses relations de famille, employer enfin ces petits moyens infaillibles dont les femmes ont le secret. Tant d'efforts obtiennent leur récompense : elle apprend un beau matin que son Adolphe est décoré.

C'est dans ces sortes de circonstances que la télégraphie paraît une invention admirable. Mme V... vole place de la Bourse et griffonne ce télégramme d'un laconisme qui serait équivoque s'il n'était sublime :

> « *Mon bon Adolphe,*
>
> « *Tu l'es.*
> « *Je ne te dis que ça.*
>
> « Caroline. »

Une demi-heure après, Adolphe recevait l'excellente nouvelle et s'écriait, en passant la main sur son front... radieux : Je savais bien qu'un jour ou l'autre je le serais !

Et pour ne pas être en reste de procédés télégra-

3.

phiques, il expédie aussitôt à sa femme la réponse suivante :

« *Ma chère amie*,

« *Je m'y attendais.*
« *Mais je suis enchanté que ce soit toi qui me l'apprennes.* »

TAXES. BUDGET.

La taxe des télégrammes a varié souvent. D'après la loi du 21 juin 1861, mise en vigueur le 1er janvier 1862, elle est actuellement de 1 franc pour les dépêches de vingt mots échangées entre deux bureaux d'une même ville ou d'un même département, et de 2 francs, pour les dépêches échangées entre deux bureaux de départements différents.

Pour chaque dizaine de mots excédante on paie 50 centimes en plus dans le premier cas et 1 franc dans le second.

Le coût des dépêches internationales est réglé par des conventions spéciales à chaque État et varie suivant la distance.

Un premier pas a été fait dans la voie de la taxe internationale unique par la Belgique et la France, qui, par une convention mise en vigueur le 1er mai 1863, ont fixé à 3 francs le prix de la dépêche simple échangée entre deux bureaux quelconques des deux pays. Des conventions semblables faites entre la France, l'Espagne et la Suisse, sont exécutoires à partir du 1er janvier 1864. La taxe de la dépêche simple entre l'Espagne et la France est fixée à 4 francs, et à 3 francs entre la France et la Suisse,

Naguère une dépêche de vingt mots pour Bruxelles coûtait à Paris 4^f,50 ; à Bordeaux 7^f,50 à Marseille 9 francs. Une dépêche de Paris à Madrid coûtait 10^f,50, de Dunkerque à Cadix 15 francs.

Voici quelques chiffres, pour ceux qui les aiment. La télégraphie privée, née en 1851, s'affirma cette année-là par 9,014 dépêches. En 1852, elle en donna 48,105 ; en 1853, 142,061..... en 1861, 734,252. Sous l'empire de l'abaissement des taxes, elle en a fourni en 1862, 1,291,774 : c'est une augmentation de 76 pour 100.

Je ne parle que des dépêches intérieures. Les dépêches internationales, qui étaient au nombre de 186,362 en 1861, se sont élevées en 1862 à 226,270, soit 21 pour 100 d'augmentation, et portent le chiffre total à 1,518,044.

Les produits, qui n'étaient que de 546,677 francs en 1852, sont montés en 1861 à 2,840,445 francs, et en 1862, malgré l'abaissement des taxes, à 2,977,876 francs. Il faut joindre à ce chiffre les produits des dépêches internationales, qui portent le total au chiffre rond de 6 millions.

Le budget des dépenses de l'Administration des lignes télégraphiques en 1863 s'élevait à 9,885,574 fr. se décomposant comme il suit :

Personnel...................... 5,971,400 francs.
Matériel....................... 3,914,174

Les crédits alloués pour 1864 atteignent le chiffre de 10,378,686 francs.

JURISPRUDENCE.

Sous le titre de : *Le télégraphe dans ses rapports avec la jurisprudence civile et commerciale*, M. Filippo Serafini, professeur de droit romain à l'Université royale de Pavie, vient de publier un travail d'une grande importance et dont la critique a parlé avec éloge.

Les multiples questions que soulève l'usage, devenu général aujourd'hui, de la grande découverte dont j'ai présenté l'histoire succincte, seront réglées tôt ou tard par une loi spéciale. M. Serafini, devançant l'enquête, en a préparé les matériaux et a fourni les solutions. Les rapports civils et commerciaux qu'engendre l'emploi du télégraphe entre l'État et les particuliers et entre les particuliers eux-mêmes, ont été examinés par le savant professeur sous toutes leurs faces. S'appuyant ensuite sur les principes les plus certains du droit international, sur tous les documents connus et sur les ouvrages spéciaux déjà publiés en Allemagne et en Italie, il a résolu presque toutes les difficultés nées ou à naître en cette matière.

Il suffit d'en citer quelques-unes : Responsabilité du déposant, interprétation des télégrammes, conditions de validité des contrats de ce genre, leur force probante, rapport des dépêches télégraphiques avec

les lettres expédiées par la poste, altération des dépêches, leur retard par le fait de l'État, etc., pour
faire apprécier l'utilité et l'intérêt qui s'attachent à
l'excellent travail de **M.** Serafini.

Le livre a eu la bonne fortune de rencontrer en
M. Lavialle de Lameillère, attaché à l'Administration
des lignes télégraphiques françaises, un traducteur
élégant autant que fidèle. Il sera utile aux personnes
qui font du télégraphe un usage fréquent. Déjà plusieurs procès ont surgi sur ce sujet tout neuf, et au
moment de recourir aux tribunaux, il pourra être bon
de demander à l'ouvrage dont il s'agit un conseil
préalable.

CHAPITRE VII

Personnel.

Le personnel se composait, à la date du 1er janvier 1863, de 3,752 agents de tous grades, dont :
    1 directeur général,
  11 inspecteurs principaux,
  75 inspecteurs (comprenant 4 classes),
  16 sous-inspecteurs,
  87 directeurs des transmissions (comprenant
     2 classes),
   3 élèves inspecteurs,
158 chefs de station (2 classes),
   2 élèves,
  33 commis principaux,
   4 traducteurs,

       19 receveurs,
        1 garde-magasins,
    1,513 employés (3 classes),
      382 surnuméraires,
        1 chef surveillant,
      815 surveillants (3 classes),
       23 surveillants auxiliaires,
      396 facteurs (3 classes),
      212 facteurs auxiliaires.

Les administrateurs qui se sont succédé depuis l'origine de la télégraphie sont : Claude Chappe et ses frères, au nombre de quatre, de 1793 à 1830 ; M. Alphonse Foy, nommé administrateur en chef le 31 mai 1831, remplacé, le 15 avril 1848, par MM. Flocon et Lemaître, et rappelé en novembre 1849, à la tête de l'Administration, jusqu'au mois d'octobre 1853 ; M. le vicomte de Vougy, nommé directeur de l'Administration, puis directeur général, fonction qu'il occupe encore aujourd'hui, sauf un intervalle de trois années, du 5 juillet 1857 au 14 décembre 1860, pendant lequel elle a été remplie par M. Alexandre.

C'est à l'intelligence et à l'activité de M. de Vougy que sont dus, pour la plus grande partie, les développements et les améliorations du service télégraphique.

Je ne m'étendrai pas sur les attributions des hauts fonctionnaires : elles sont suffisamment indiquées par leur titre. Le sort des humbles m'intéresse davantage.

STATIONNAIRES.

Labor improbus. — Une haute vertu. — Les femmes stationnaires.
— La colère électrique. — Ses effets.

Et d'abord les simples employés, ceux qui lisent et manipulent, et sur qui repose tout le travail de la transmission. Leur existence, on peut le dire, est attachée à un fil.

Leur attention aussi. Après qu'ils ont passé sept longues heures, l'œil fixé sur la bande de papier qui se déroule devant eux, la main occupée à marteler le manipulateur, leur tête peut être lourde et leur vue fatiguée, mais ils ont la conscience d'avoir lu 12,000 signaux et d'avoir donné 36,000 petits coups de marteau : ils n'ont pas perdu leur journée.

Tous n'en sont pas là heureusement, et je sais en province et à Paris même des stations où le service est plus doux.

La première qualité d'un stationnaire est la patience. Elle s'élève même chez lui à la hauteur d'une vertu. On n'imagine pas de quelle dose de longanimité il faut être muni pour rester calme en face d'un appareil qui va mal, d'une ligne mauvaise, d'un correspondant inexpérimenté ou, qui pis est, grincheux, — on en a vu.

Axiome : les hommes nerveux font de mauvais employés.

On a essayé, en 1857, sur les chemins de fer de l'Ouest, de mettre le service télégraphique aux mains des femmes. Il a fallu y renoncer bien vite. Je n'en suis pas surpris, c'était mettre le système nerveux du petit sexe à une trop rude épreuve. On a constaté des attaques de nerfs, des convulsions. Pour un peu, les scènes orageuses du cimetière Saint-Médard se seraient renouvelées dans les bureaux de la Compagnie.

Que de disputes, que d'injures échangées entre gens qui ne se connaissaient pas et qui ne se sont jamais vus ! Parfois il s'ensuivait des provocations, des cartels burlesques. Les deux adversaires prenaient le chemin de fer et allaient à la rencontre l'un de l'autre, une boîte de pistolets sous le bras. Alors se jouait la scène parodiée de *Robert le Diable* : « Quoi ! c'est toi, c'est moi ! — Oui, c'est moi, c'est toi ! » Et elle se dénouait par une omelette au lard.

Je parle au passé, parce que je suppose que les choses ont changé et que les employés sont tous devenus aujourd'hui des modèles de douceur. Mais, en d'autres temps, on citait des cas de rage télégraphique, *rabies electrica* ou *delirium telegraphicum*, maladie ignorée des anciens, et dont Boerhaave, Wan Swieten et Sydenham ne font pas plus mention qu'Hippocrate, Galien et Avicenne.

Et le moyen, je vous prie, agacé comme on l'était par tant de causes, de ne pas décharger électriquement sa colère sur un collègue qu'on avait sous la main, au bout de son fil, à 400, 800 kilomètres, peu importe ? Il était là, devant vous ; on le voyait presque, on sentait les pulsations de ses artères, on comprenait, à sa manipulation violente ou faible, lente ou précipitée, les orages de son âme. Souvent même il fallait s'en tenir à ces signes matériels de fureur, quand, par exemple, c'était une dispute internationale qui avait lieu, avec un Prussien, un Anglais ou un Espagnol, et qu'on ne s'entendait pas autrement.

Il arrivait un moment où certaines natures à la Pierre le Grand éprouvaient positivement le besoin de casser les appareils, les tables, quelque chose enfin, et ces vaillants cœurs ne parvenaient pas toujours à se maîtriser.

Maintenant, on me demandera peut-être comment il se fait qu'on ne rencontre plus chez nos stationnaires qu'une charmante égalité d'humeur? Je n'en sais rien, mais il n'y a qu'une seule manière de l'expliquer : on se sera défait des autres, — en leur donnant de l'avancement.

SURVEILLANTS.

Avez-vous vu quelquefois, voyageurs qui dédaignez le sybaritisme des premières, et qui faites courir le bruit qu'on y assassine, avez-vous vu, dis-je, un homme en casquette de drap bleu faiblement galonnée d'argent, et vêtu d'une blouse à collet serrée à la taille par une ceinture de cuir, demeurer persévéramment penché à la portière du wagon et regarder en l'air avec une sollicitude et une fixité étranges?

Son œil si attentif ne suivait point le vol inquiet de l'hirondelle; il ne s'intéressait pas davantage à la course des nuages protéiformes qui se pourchassent, se séparent et se rejoignent pour se fondre ensemble à l'horizon. Et il n'avait pas non plus cette mollesse rêveuse que donnent les tendres pensées et le ressouvenir des heures aimables de la vie. Je vous le dis, cet homme n'était pas un poëte : c'était un surveillant. Il inspectait les fils et s'assurait que tout était en ordre sur sa ligne.

A ces hommes modestes appartient en effet le soin de réparer les dérangements signalés, de nettoyer les poteaux et les appareils de suspension et d'élaguer les arbres qui avoisinent les fils de trop près. Chacun d'eux, sur son parcours d'environ 40 ou 50 kilomètres, entretient tout en bon état. Ils ont en haine le vent, la pluie et les tempêtes, et s'entendraient, si ça se pouvait, avec M. de Besselièvre pour que le ciel gardât toujours un inaltérable azur.

Mais ça ne se peut pas.

FACTEURS OU PIÉTONS.

L'un et l'autre se dit, — ou se disent. Impassibles comme le destin, ces messagers distribuent avec impartialité les maux et les biens, sous forme de télégrammes, qu'ils portent à domicile et remettent en mains propres, *parlant à la personne*, comme disent messieurs les huissiers. Ils sèment le trouble dans les familles, et restent calmes ; ils apportent la douleur, sans la partager ; mais si c'est la joie, ils aiment à y être associés par un pourboire honorable.

Quel épanouissement des muscles de la face de M. Biquart, négociant de la rue du Sentier, à la lecture de cette dépêche :

« Inutile partir. Arriverais trop tard. Adélaïde heureusement accouchée. Gros garçon. Mère et enfant trèsbien.

« JOSÉPHA. »

Son œil se dilate, un soupir de bonheur gonfle sa poitrine. Il rassemble ses commis : — Mes amis, je suis père ! On fermera le magasin à 3 heures !!! — Puis, tout bas : La somnambule m'avait bien dit que le nom de Biquart ne périrait pas !

Et il glisse 2 francs dans la main du piéton.

Dans la maison voisine, Mme Pontorsin reçoit en tremblant une dépêche que le même piéton lui présente. Son cœur de mère lit à travers l'enveloppe la fatale nouvelle. Un frémissement parcourt tout son être. — Mon Dieu ! si c'était un malheur ?

C'en est un. Elle lit :

« Toury, 10 heures.

« Alexis mourant. Croup. Venez.

« Femme BURDET. »

Elle pousse un cri et s'évanouit dans les bras du facteur. Ces agents devraient toujours être armés d'un flacon de sels. Enfin, elle revient à elle, ouvre des yeux atones. Mais la présence d'un étranger lui rappelle l'affreuse réalité : elle fond en larmes.

Lui cependant, cause innocente de ce deuil, il est embarrassé, il hésite... — Madame !

Elle n'entend pas.

— Madame !

Alors elle, à travers ses sanglots : — Qu'est-ce? que vous faut-il encore?

— Pardon, Madame ! mais... j'attends mon reçu.

Un reçu de son malheur, la pauvre femme ! Il faut qu'elle signe et qu'elle précise l'heure et la minute où le coup l'a frappée. Elle bouleverse tout pour trouver de l'encre et du papier; elle écrit ce qu'on lui demande, à l'endroit que le piéton lui marque du doigt et, ce faisant, laisse tomber une larme brûlante sur cette main virile.

Mais elle n'y laisse pas tomber autre chose. Aussi, entend z ce murmure qui se perd dans l'escalier : — Sapristi ! ce n'est pas une femme, c'est la fontaine Louvois ! Elle m'a fait poser une heure, et pas un radis !

Ne jugez pas ce subalterne sur ces dures paroles. Il avait l'âme tendre en naissant et, tout enfant, il ne pouvait supporter la représentation de *Latude*. Mais il obéit désormais au terrible dilemme formulé par Chamfort : Il faut que son cœur se brise ou se bronze.

DEUXIÈME PARTIE

CHAPITRE VIII

Télégraphie étrangère.

Cette revue rapide serait incomplète si je ne donnais un aperçu sommaire de l'état de la télégraphie en Europe, en Asie et en Amérique. Les documents officiels et les renseignements précis manquent sur bien des points. Le peu que j'en ai pu recueillir me paraît cependant de nature à intéresser le public.

LA TÉLÉGRAPHIE EN ANGLETERRE.

En Angleterre, la télégraphie est livrée à l'industrie privée. Elle est exploitée par plusieurs compagnies qui ont des tarifs spéciaux et des appareils différents, et qui trouvent le moyen de distribuer 6 ou 7 pour 100 à leurs actionnaires. Leurs tarifs, il est vrai, sont plus élevés que les nôtres, et elles n'ont pas, comme on a ici, les nombreuses dépêches d'intérêt public, ou plutôt elles les ont, mais le gouvernement les leur paye comme ferait un simple particulier.

Leur réseau est à peu près semblable au nôtre. Les supports, les fils, les lignes souterraines diffèrent peu de ce qu'on voit chez nous. Seulement, leurs fils omnibus sont reliés ensemble de façon que les récepteurs de chaque poste intermédiaire fonctionnent en même temps. La station appelante et la station appelée travaillent ensemble, et cèdent leur tour au fur et à mesure des besoins, comme dans un salon de huit à dix personnes où toutes entendent ce que dit l'une d'elles, et se taisent pour laisser le champ libre aux interlocuteurs.

Dans les grands bureaux, le service est fait par des femmes qui sont payées sur le pied de 10 à 14 shilling (25 à 31 francs) par semaine. On compte plus de mille jeunes filles employées à Londres. A Founders-Court (Lothbury), où se trouve le poste central de l'*Electric and international Company*, et où aboutissent environ 100 fils, on peut voir dans une salle magnifique une centaine de jeunes miss tapoter avec grâce le manipulateur Morse. D'après cela, on pourrait croire que nos employés de Paris sont en communication, par les fils sous-marins, avec ces charmantes stationnaires, et peuvent correspondre avec elles. *Shoking!* qu'on se rassure : la pudeur britannique y a mis bon ordre ; les appareils qui desservent les lignes sous-marines sont dans une salle à part, et manœuvrés par des hommes.

La communication entre le poste central et quelques-uns des bureaux de Londres a lieu au moyen de tubes atmosphériques.

Comme nulle loi spéciale sur la télégraphie n'existe en Angleterre, l'usage en est absolument libre. A la faveur de ce régime, il s'est fondé, il y a peu de temps, une compagnie du *Télégraphe privé universel* (Universal Telegraph private Company, limited) qui ne transmet pas de dépêches, mais qui fournit aux particuliers des fils aboutissant à des points déterminés par eux et destinés exclusivement à leur usage, moyennant un abonnement annuel. Ces fils sont en cuivre très-fin, recouverts de caoutchouc et entourés d'un ruban de fil. 20 à 30 forment un petit câble que l'on suspend au-dessus des maisons, à 200 mètres de distance. Les bureaux des grands journaux, les agences télégraphiques, les principales maisons de commerce, les docks, correspondent ensemble de cette façon. La Compagnie leur fournit le matériel nécessaire. On se sert d'appareils à cadran, système Wheatstone, qui fonctionnent au moyen de courants d'induction.

Nulle part la télégraphie n'a pris d'extension comme chez nos voisins. Ils ont plus de 1,000 bureaux qui envoient 2 millions de dépêches par an.

Il se donne quelquefois à Londres des soirées télégraphiques. On établit alors, pour l'amusement des nobles ladies, des correspondances avec Moscou, Vienne, Trieste et Alexandrie, je suppose, par un circuit direct de 9,000 kilomètres, et l'on a des nouvelles instantanées de la santé du vice-roi d'Égypte. C'est

le cas ou jamais de pousser l'exclamation nationale :
« How ! yes ! it is very *épatant !* »

LA TÉLÉGRAPHIE AUX ÉTATS-UNIS.

M. Morse fit breveter son appareil télégraphique
en 1837. Mais ce ne fut qu'en 1843, avec l'aide de
MM. Francis Smith et Alfred Vail, et un subside du
Congrès de 150,000 francs qu'il construisit la ligne de
Washington à Baltimore. La première dépêche trans-
mise aux États-Unis est datée du **27** mai 1844.

L'étendue actuelle du réseau peut être évaluée à
80,000 kilomètres. On emploie pour supports des poteaux de 8 mètres, en cèdre rouge ou jaune, en châtaignier et en chêne, non injectés. Leur durée extrême est de 20 ans pour le cèdre, de 15 pour le châtaignier, et de 10 pour le chêne. Les fils et les isolateurs ne diffèrent pas beaucoup des nôtres. Les tra-
versées des villes se font en général au moyen de
poteaux de 12 mètres placés sur les bords extérieurs
des trottoirs. Celles des fleuves et rivières au moyen
de câbles ordinaires. Il n'y a en Amérique qu'une
ligne souterraine de 15 kilomètres. La pile en usage
est celle de Grove ; elle est très-énergique, mais coû-
teuse, et elle a besoin d'être refaite tous les deux
jours.

Les lignes fonctionnent à courant continu : tous les
postes intermédiaires sont dans le circuit et reçoivent à la fois. Quand une station est appelée, elle brise
le circuit. Sur toutes les lignes, on travaille à grande

vitesse. Les employés américains sont très-habiles;
ils transmettent de 12 à 1,500 mots par heure; quelques-uns vont jusqu'à 2,000. Tous reçoivent *au son*,
c'est-à-dire qu'ils écoutent la dépêche au lieu de la
lire. Ils ont devant eux un manipulateur et un petit
appareil muni de bornes sonores que vient frapper
le levier de l'électro-aimant, et qu'on appelle *appareil parleur* (sounder).

On ne se sert que du Morse. L'appareil imprimant
House fonctionne entre New-York et Washington
seulement; il a de grands rapports avec le Hughes et
demande, comme lui, des soins excessifs. L'humi-
dité en rend le travail impossible. En deux heures,
par un temps très-sec à la vérité, il a transmis
4,000 mots, résultat déjà extraordinaire, mais qui
ne dépasse pas celui qu'obtiennent les meilleurs employés avec le Morse, s'il faut en croire les Américains eux-mêmes. Avec l'appareil House, on coupe
la bande imprimée et on l'envoie sous enveloppe au
destinataire.

Un côté par lequel ce peuple me séduit, c'est qu'il
hait les paperasses et les formalités, fétiches devant
lesquels la France se prosterne. En Amérique tout
est sacrifié à la vitesse. La dépêche reçue est portée
à domicile sans être recopiée. Le public peut écrire
ses dépêches à l'encre ou au crayon, mais il faut
qu'elles soient rédigées en anglais. Quant au contenu
on ne s'en inquiète pas, et de l'authenticité de la signature nul souci. M. Shaffner assure avoir vu, sur
un bateau à vapeur, un voyageur écrire une dépêche

sur une planche d'un pied de long et jeter ce morceau de bois à la côte voisine en donnant l'ordre de le porter au bureau télégraphique, sans se préoccuper davantage d'en assurer l'expédition. Ici Brid'Oison est scandalisé : La forme, grand Dieu ! la foôorme !

Le même M. Shaffner raconte qu'un jour, sur le chemin de fer de Pittsburg à Chicago, l'essieu d'une locomotive se brisa à 14 kilomètres de la station la plus voisine. Le chef du train partit à pied, à travers la neige, pour chercher une machine de secours. Un employé du télégraphe, nommé Stager (gardons précieusement le nom de ce Yankee) qui se trouvait dans l'un des wagons, apprenant la cause de l'arrêt, descendit, prit en main le fil tendu le long de la voie, signala la détresse du train aux stations de Pittsburg et de Brighton, puis plaçant sur sa langue les bouts du fil, reçut en réponse qu'une autre locomotive allait être immédiatement envoyée. M. Shaffner a soin d'expliquer que, pour faciliter l'opération, il faut tirer la langue hors de la bouche, comme quand on la montre à son médecin : il paraît que les pulsations de cet organe sont alors tellement sensibles qu'un observateur étranger peut y lire les signaux transmis.

De même qu'en Angleterre, la télégraphie est entièrement libre. A l'origine, il y avait un grand nombre de compagnies. Aujourd'hui on n'en compte plus que cinq qui sont parvenues à s'entendre, ont détruit les petites, et ont acheté tous les brevets d'appareils : le Morse, le Hughes, le House, le Combination-System. Leur liberté ordinaire est suspendue en ce moment à cause de la guerre, et des agents spéciaux règlent et contrôlent toutes leurs transmissions.

La dépêche simple est de 10 mots ; les taxes sont variables mais très-modérées. On compte à peu près 1,500 stations desservies par 10,000 employés. Le nombre des dépêches est évalué à 5 millions par an, et le produit à 10 millions de francs. On dit que le traitement des stationnaires est très-élevé. Tant mieux ! Il y a donc quelque part des employés qui gagnent de quoi vivre !

LA TÉLÉGRAPHIE EN BELGIQUE.

La première ligne belge , de Bruxelles à Anvers , fut ouverte au public, le 7 septembre 1846. Elle se composait de quatre fils desservis par des appareils Wheatstone. Elle eut peu de succès, et le gouvernement, comme dans le reste de l'Europe continentale, prit l'exploitation à sa charge et construisit tout le réseau. Au 1er janvier 1862, la Belgique possédait 165 bureaux et 1,922 kilomètres de lignes comprenant 5,378 kilomètres de fils. Elle était en communication avec la France par sept points différents , avec la Hollande par 3 fils, avec l'Allemagne par trois également, et avec l'Angleterre par un câble à 6 fils établi entre Ostende et Douvres. On se sert généralement en Belgique de l'appareil à lettres système Lippens. On emploie aussi sur quelques lignes le Morse, le système Siemens et l'appareil Bréguet. Le

prix du télégramme circulant à l'intérieur est de
1 franc.

LA TÉLÉGRAPHIE EN HOLLANDE.

La première ligne, d'Amsterdam à Rotterdam,
fut ouverte le 29 décembre 1845. Mais ce ne fut
qu'en 1852 qu'une loi prescrivit la création d'un réseau. Un premier câble sous-marin de 173 kilomètres de longueur relia la Hollande à l'Angleterre en
1853. Un second, de 258 kilomètres, fut posé en 1858.

La Hollande nous a précédés dans l'application
d'un tarif uniforme pour l'intérieur de l'État. Le prix
de la dépêche de vingt mots y est de 50 cents,
(1^f,06) depuis le 1er avril 1858. (Voir p. 77, *Transmission simultanée.*)

LA TÉLÉGRAPHIE DANS LE GRAND-DUCHÉ DE BADE.

En France, le public réclame la faculté de pouvoir
faire des paiements en argent par ordres télégraphiques. A ceux qui arguent de la difficulté qu'il y aurait à effectuer cette amélioration, on peut répondre,
— non par des raisonnements, ils répliqueraient par
d'autres, et la question n'avancerait pas, — mais par
des faits. Ce qu'ils déclarent presque inexécutable se
pratique à côté de nous, dans le grand-duché de
Bade, depuis dix-huit mois.

Dans tous les établissements télégraphiques du
grand-duché, on peut verser une somme qui est
payée par la station du lieu qu'habite le destinataire.

Un télégramme, dit *de versement*, contenant le nom
et le domicile du destinataire ainsi que le montant
de la somme versée, est signé par le déposant et ho-
mologué par l'agent expédiant. Un droit est perçu,
— de 3 kreutzers pour une somme de 1 à 30 florins,
— de 4 kreutzers, pour une somme de 30 à 40 florins, — de 5 kreutzers pour une somme de 40 à 50 florins, ainsi de suite. Le paiement de la somme versée
s'effectue immédiatement après l'arrivée du télégramme à la station du lieu de destination.

La seule restriction porte sur le chiffre des envois.
Il ne peut être versé par un déposant, pour le même
destinataire, dans un jour, plus de 100 florins.

LA TÉLÉGRAPHIE EN SUISSE.

L'établissement de la télégraphie en Suisse ne date
que de 1852. On y comptait, au 1er janvier 1862,
161 bureaux, environ 2,900 kilomètres de lignes,
15 fils internationaux et plusieurs câbles dans la traversée des lacs. On se sert de l'appareil Morse à pointe
sèche et à relais, et de la pile Daniell. Les poteaux
ne sont ni préparés ni peints. La plupart sont en sapin; il y en a quelques-uns en chêne, en mélèze et
en châtaignier; il y en a même en fer sur une étendue de 225 kilomètres. Les isolateurs sont en verre à
bouteille et en forme de cloche. Les fils ne sont pas
galvanisés. La taxe des dépêches est uniformément
de 1 franc pour l'intérieur de la Suisse.

4.

LA TÉLÉGRAPHIE EN ITALIE.

Commencée en 1850, la ligne de Gênes à Turin fut ouverte le 9 mars 1851. Le réseau italien se composait en 1861 de 6,896 kilomètres de lignes et de 270 stations, sans compter les lignes et stations de l'Italie méridionale qui y ont été réunies depuis. Les poteaux sardes étaient en bois de pin ou de mélèze, non injectés, équarris et peints; la partie qui plonge dans le sol était brûlée ou goudronnée; ils étaient surmontés de paratonnerres, mesure plutôt dangereuse qu'utile. On se servait d'isolateurs en terre cuite et de fils de fer galvanisés de $0^m,005$. Les appareils étaient des Morse à pointe sèche fabriqués en Suisse. Depuis l'annexion on a changé probablement tout cela, ou beaucoup de cela, mais je n'ai trouvé aucun renseignement à ce sujet.

LA TÉLÉGRAPHIE EN ESPAGNE ET DANS L'ILE DE CUBA.

En 1854 l'Espagne, toujours un peu en retard, établit, — *à titre d'essai*, quelle prudence ! — la ligne électrique de Madrid à Yrun, et le 8 novembre le discours de la Couronne franchissait la frontière par cette voie nouvelle.

Dans le principe, les constructions se firent au moyen de poteaux de sapin non injectés, mais carbonisés, et les transmissions s'opérèrent à l'aide de l'appareil à aiguille aimantée. Depuis 1861, on emploie

des brins de pin injectés par le procédé Boucherie,
et pour le reste on suit en tout les errements français.

On a constaté que des poteaux avaient été entièrement détruits pour avoir servi de but à des chasseurs
espagnols. Voilà des chasseurs bien désœuvrés !
C'est pis que de jeter sa poudre aux moineaux. Peut-
être aussi que le gibier ne manque pas moins dans
les sotos que l'eau dans le Mançanarès.

L'île de Cuba avait devancé la mère-patrie en inau-
gurant sa première ligne électrique en 1853, le jour
de la fête de la reine d'Espagne. Elle possède aujourd'hui 1,179 kilomètres de lignes et 25 bureaux.

LA TÉLÉGRAPHIE EN ORIENT.

TURQUIE.

Ici je vais être très-court, et pour cause. Nous
sommes en communication avec Constantinople par
Vienne, je n'en sais guère davantage. On a ouvert récemment la ligne de la vallée de l'Euphrate, allant à
Bagdad par Alep et Diarbékir, puis une autre ligne
d'Alep à Beyrouth et à Damas, je sais aussi cela.
Enfin j'apprends à l'instant que deux bureaux sont
établis dans Constantinople, l'un à Stamboul, destiné
surtout à la correspondance du gouvernement Otto-
man, l'autre à Péra, ouvert à celle des ambassadeurs
et des particuliers.

PERSE.

Les gens assez heureux pour savoir le persan ont pu lire dans le *Vekaya*, journal officiel de Téhéran, les détails de l'inauguration de la première ligne télégraphique en Perse le 8 redjeb (21 janvier) 1861. Le jeune souverain Nacir-Eddine Shah y présidait lui-même, assisté de son oncle Ettizad-Ou-Soldanet, promoteur de l'entreprise, et d'Ali-Kouli-Vekan, directeur des télégraphes de Perse.

La ligne ouverte était celle de Tebriz à Téhéran, dont la distance s'évalue à douze journées de caravane. Je viens de mentionner la ligne de Constantinople à Bagdad. De Bagdad elle doit gagner Téhéran d'un côté, et de l'autre Babylone jusqu'à Bunder-Abbas, sur la frontière du Béloutchistan.

RUSSIE.

La première ligne russe a été ouverte en août 1850, dans le Caucase, entre Tiflis et Borsom. Le télégraphe de la Russie à la Chine est près d'être achevé. Il passe par Perm, frontière de la Sibérie, au 53° latitude nord, traverse les monts Ourals, passe à Ékaterinburg, Toumain, Omsk, Tomsk, Krasnoyarsk, Irkoutsk, capitale de la Sibérie orientale, et Kiakhtha, là traverse les monts Yablanovoi jusqu'à Cheta et arrive à Netschmisk et à Gurstrelka, point situé juste à 6,000 milles de Moscou.

HINDOUSTAN.

Ce n'est plus de fils qu'on se sert dans le pays chanté par Méry, mais de barres de fer de $0^m,008$ de diamètre. Cette grosseur de fil est indispensable, on ne devinerait jamais pourquoi? je vais le dire tout de suite : c'est à cause d'une classe d'habitants qui se feraient un malin plaisir de les rompre et qui se rient de toute pénalité. Ils se suspendent aux fils par les mains et par la queue et s'y livrent à une gymnastique désordonnée.

D'ailleurs tout est en harmonie sur ces lignes. Les poteaux sont en bois de fer d'Arracan, bois très-pesant et presque indestructible ; à leur extrémité est ajustée une douille en fer taraudée, en sorte qu'ils sont vissés dans le sol et non simplement plantés. Cette disposition a pour but de leur donner plus de stabilité et de préserver le pied de l'attaque des insectes. Les brins, placés à 35 mètres de distance, ont 17 mètres de hauteur hors de terre, et pourquoi encore? C'est afin que le fil soit partout assez élevé pour qu'un éléphant chargé puisse passer dessous. Ces travaux ont été faits sous la direction du docteur O'Shaugnessy, chirurgien de l'armée royale du Bengale.

La ligne télégraphique aboutissant aux possessions anglaises de l'Inde, est terminée ou peu s'en faut. Son trajet est Belgrade, Bassorah, Bagdad, le golfe Persique, Kurrachee et Calcutta. De là la communication est établie déjà avec toutes les parties de l'Inde.

LA TÉLÉGRAPHIE EN COCHINCHINE.

Le réseau de la Cochinchine, créé dans le courant de l'année 1862, comprend près de 500 kilomètres de lignes et 12 stations installées à Saïgon, Bien-Hoa, Cholen, Baria, Mytho, Thuan-Kéou, Tran-Bang, Long-Than, Thu-Yen-Moi, Tay-Ninh, Goden et Tan-An.

La ligne de Baria au cap Saint-Jacques, qui complète le réseau principal de la basse Cochinchine, siége de notre occupation, a dû être terminée cette année.

Lors de la grave insurrection qui éclata dans cette colonie à la fin de décembre 1862, la télégraphie rendit au pouvoir militaire d'importants services. Les Annamites, ignorant l'usage que nous en pouvions faire, laissèrent d'abord les lignes intactes. Mais ils se ravisèrent bientôt et les détruisirent sur une longueur de 100 kilomètres

A ce sujet on lit dans les *Annales télégraphiques*, numéro de juillet-août 1863 :

« Au nombre des premières victimes des rebelles, « nous avons malheureusement à compter un agent « de la mission télégraphique, le surveillant Guerry, « qui fut tué, dans la nuit du 17 au 18 décembre, « sur la ligne de Bien-Hoa à Baria, dans une case « annamite où il avait reçu l'hospitalité avec les

« quatre hommes qui formaient son escorte. Assailli
« par une troupe de plus de cent Annamites furieux et
« armés de lances, le petit détachement succomba, *à*
« *l'exception d'un seul de ses membres* qui, échappant
« *par miracle* au fer des ennemis et aux flammes de la
« case qu'ils avaient incendiée pour être sûrs de n'é-
« pargner personne, parvint à grand'peine, et après
« avoir couru de grands dangers, jusqu'à Baria, et
« raconta l'événement dans lequel ses camarades
« avaient péri. »

En même temps que le sort de ces braves et malheureux Français trouvant, loin de leur pays, une
mort obscure, pénètre le cœur de tristesse, la rédaction de cette note rappelle involontairement à l'esprit une des plus jolies boutades de Töpffer. L'ai-
mable conteur genevois fait remarquer que, dans
toutes les catastrophes, il y a toujours *un* témoin, un
seul ! qui s'échappe, — par miracle, cela va sans dire,
— dans le but éminemment louable d'aller raconter
le désastre. Il cite à l'appui quantité d'exemples anciens et modernes. Le fait précédent montre que la
succession n'en est pas encore interrompue.

La télégraphie, aujourd'hui, a pénétré partout.
Beaucoup de pays, dont je n'ai rien dit, possèdent
des réseaux considérables et organisés, à quelques
nuances près, comme les nôtres. Voici, au surplus,
l'état comparatif des bureaux existant dans les différents États du continent en 1862 :

France et Algérie, 1,022 ; Grande-Bretagne et Irlande, 939 ; Autriche, 565 ; Prusse, 464 ; Italie, 462 ;

Suisse, 161; Espagne, 137; Bavière, 127; Russie, 124; Bade, 82; Suède, 81; Hanovre, 71; Wurtemberg, 69; Saxe, 69; Danemark, 67; Pays-Bas, 65; Norwége, 58; Portugal, 50; Turquie, 31.

CHAPITRE IX

Projets de télégraphie transatlantique.

J'ai dit le passé et le présent de la télégraphie. Elle n'est encore qu'à ses premiers pas, et l'avenir s'ouvre brillant devant elle. Il y a beaucoup à faire, mais ce qui presse le plus, c'est de combler les lacunes qui existent dans le réseau circumterrestre. Les projets dans ce sens abondent! Mais il y a l'ennemi dont j'ai déjà parlé, l'Océan, qui se joue des faibles mortels comme au temps de Virgile, et qui n'encourage point ces essais.

Voici l'état des grandes lignes projetées :

1° Ligne *anglaise* directe de l'Irlande à Terre-Neuve (celle même de 1858). La plus grande profondeur sous-marine est de 4,320 mètres. La distance entre les deux points extrêmes, Valentia et Trinity-Bay, à franchir par un seul câble, est de 3,400 kilomètres.

La compagnie qui a posé le câble de 1858 n'est pas dissoute, elle espère toujours réparer son échec. Tout récemment même, elle a réuni les souscriptions nécessaires pour une nouvelle entreprise, et la maison Glass, Elliot et Cie a déjà commencé la fabrication du câble, s'engageant à le poser en 1864. Le fond de l'Atlantique, mieux étudié, a révélé que les atterrissements de l'Irlande et de Terre-Neuve étaient formés de rochers aigus contre lesquels le câble frottait sans cesse. D'autres atterrissements meilleurs ont été découverts. Sur une longueur de 500 à 600 kilomètres, à partir de Valentia, il y a des pentes douces dont la profondeur varie de 600 à 3,200 mètres, si douces qu'une locomotive, dit le capitaine Hoskin, les remonterait aisément. On estime à 8 ou 10 millions les frais qu'occasionnerait l'immersion du nouveau câble. Ce n'est pas un vilain chiffre. Il est vrai que l'Angleterre aurait ainsi le monopole des communications entre les deux continents. Mais, comme il est très-probable qu'elle en abuserait, je ne fais pas de vœux pour le succès de ce projet. Je rétracte donc ce que j'ai dit à ce propos au chapitre des *câbles sous-marins.*

2º Ligne du Nord ou *anglo-américaine*, par les îles Feroë, l'Islande, le Groënland et le Labrador. La distance, de l'Écosse au golfe Saint-Laurent, est de 4,000 kilomètres. La plus grande profondeur, entre le Labrador et le Groënland, est de 2,052 brasses (3,693 mètres). La plus grande section à franchir par un seul câble, est de 1,200 kilomètres.

3º Ligne *française* partant du cap Finistère et allant aux États-Unis et aux possessions anglaises par les Açores et Saint-Pierre Miquelon. La plus grande profondeur est de 2,600 brasses ou 4,680 mètres. La plus grande section à franchir est de 2,000 kilomètres.

M. Jules Despecher, à l'appui de la demande en concession qu'il a adressée au gouvernement, établit que cette ligne favorise plus que toute autre les intérêts du commerce français. Il propose de couper le trajet en cinq sections, savoir : de Biarritz au cap Finistère, 680 kilomètres ; du cap Finistère à l'île de Florès (Açores), 1,925 kilomètres ; de Florès au cap Race (Terre-Neuve), 2,000 kilomètres ; du cap Race à Saint-Pierre, 240 kilomètres ; de Saint-Pierre au cap Breton, 315 kilomètres. Total 5,160 kilomètres.

M. Despecher voudrait un conducteur de $0^m,004$ protégé par une épaisseur de $0^m,00425$ de gutta-percha. Il obtiendrait ainsi, pense-t-il, huit mots à la minute entre Florès et Terre-Neuve. C'est possible, mais l'installation du câble, sa solidité, sa durée???

M. Alberto Balestrini a soumis, de son côté, au gouvernement un projet de télégraphe transatlantique passant également par les Açores.

4° Ligne *espagnole* passant par les Canaries, les îles du Cap-Vert, de Don Pedro et Fernando, atterrissant à l'Amérique du Sud, remontant le long des côtes et aboutissant à la Floride en traversant les îles de la Trinité, Porto-Rico, Saint-Domingue, Cuba, etc. La plus grande section à franchir est de 1,500 kilomètres. La plus grande profondeur est de 6,300 mètres.

Le *Moniteur* du 6 mai 1863 annonçait qu'une conférence internationale s'était ouverte au ministère des affaires étrangères pour examiner ce projet. La France, l'Espagne, le Brésil, le Danemark, l'Italie, le Portugal et Haïti s'y trouvaient représentés.

5° Ligne circumterrestre, — projet de M. Vérard de Sainte-Anne, — qui consiste à arriver aux îles Kouriles par la Perse, le Beloutchistan, l'Inde anglaise, la Cochinchine, la Chine et le Japon.

6° Enfin, ligne *russo-américaine*, — projet du colonel Romanoff, — par la Sibérie, l'Oural, Irkutsk, Nikolaïew et les stations de la mer du Japon. Pour la traversée du Pacifique, qui offre de grandes difficultés, il y a à choisir entre plusieurs voies. Ce pas franchi, toutes les capitales de l'Europe se trouveraient reliées à San Francisco et au nouveau monde.

En ce moment même, malgré l'implacable guerre qui déchire les États-Unis, le gouvernement de Washington fait sonder le nord du Pacifique, et prépare l'établissement d'une ligne qui se rattachera à la ligne russe principale. Elle doit partir du poste principal de la compagnie de la baie d'Hudson, à l'ouest des montagnes Rocheuses, sur la rive nord de la rivière Colombia, à 15 milles de Portland, dans l'Orégon, où elle rejoindra la ligne d'Orégon-Californie. De là, par le chemin actuel, elle atteindra Olympia, Steilacoorn et Seattle, traversera le détroit de Fuca, qui n'a que quelques milles de large, et arrivera à Victoria, capitale des îles Vancouver. C'est de ce point qu'un long câble enjambera le Pacifique, et rejoindra le système télégraphique de la Chine.

CHAPITRE X

Télégraphie des chemins de fer.

Le service télégraphique des chemins de fer est fait par les employés des compagnies au moyen de fils et d'appareils qui leur appartiennent, et sous le contrôle de l'État.

Il est inutile d'insister sur les avantages que la télégraphie rend à cette industrie aussi bien qu'à la sécurité des voyageurs. On a imaginé une foule de systèmes destinés à diminuer les chances de collision des trains ou à rendre plus prompte l'arrivée des secours. Les uns indiquent aux employés des gares et aux cantonniers le nombre et le sens des trains en marche entre deux stations. D'autres permettent à un convoi en détresse de prévenir les stations voisines du lieu où il se trouve arrêté; d'autres, enfin, ont pour objet d'avertir le mécanicien qui conduit le train du danger qu'il peut y avoir à continuer sa route. On en peut voir la description dans les ouvrages techniques, ils ne sont pas de nature à intéresser beaucoup. Je crains même d'avoir déjà décrit trop d'appareils, et d'avoir lassé sur ce point la patience de mes lecteurs. Puisse cette crainte n'être que l'exagération d'une conscience scrupuleuse !

Toutes les stations des chemins de fer reçoivent, pour le compte de l'État, des dépêches privées.

CHAPITRE XI

Curiosités télégraphiques.

TRANSMISSION SIMULTANÉE DE PLUSIEURS DÉPÊCHES PAR UN MÊME FIL.

On peut considérer comme résolu le problème de la transmission simultanée de *deux dépêches, en sens contraire, par un même fil*. MM. Siemens, Wartmann, Gintl, ont vaincu cette difficulté si grande en apparence, et on peut, avec leurs appareils, se donner la récréation de cette curieuse expérience. M. Wartmann a réussi également à transmettre simultanément *deux dépêches dans le même sens*, par un même fil. Enfin, par voie de conséquence, on peut transmettre *simultanément quatre dépêches par un seul fil*, deux allant dans un sens, et deux en sens contraire. Mais ces expériences, très-intéressantes en elles-mêmes, ne sont d'aucune application possible dans la pratique.

Attendez, je vous en supplie : je ne prends du tout à mon compte cette dernière phrase. C'est un savant français, M. Blavier, qui prononce cette condamnation. Un savant hollandais, M. J. W. Hagers, fait appel, et, ma foi, je suis touché des raisons qu'il donne. La première, et ce n'est pas la moins bonne, c'est que la correspondance simultanée est appliquée avec un succès complet *depuis sept ans*, sur un fil d'Amsterdam à Rotterdam.

Les gens que vous tuez se portent assez bien,

pourrait dire M. Hagers à M. Blavier. Déjà, en 1862, M. Vinchent annonçait que l'administration des télégraphes des Pays-Bas avait obtenu d'excellents résultats pratiques de transmission simultanée en employant des appareils construits expressément pour cet usage par MM. Siemens et Halske, de Berlin, et qu'on transmettait par ce procédé cinq télégrammes dans le temps nécessaire pour en faire passer trois par voie alternative.

Une note de M. Hagers, en date du 7 février 1863, constate que le fil Amsterdam-Rotterdam est occupé sans trêve, depuis dix heures du matin jusqu'à sept heures du soir, à la correspondance simultanée, en dépit des pertes et du mauvais temps. Sur un fil de longueur plus que double, Amsterdam-Bruxelles, le système a réussi de même. L'appareil imprimeur de Digney a remplacé maintenant l'appareil Siemens et Halske. On fait usage de relais à double hélice, avec des noyaux de fer doux. Le réglage est exécuté promptement et facilement par tous les employés.

Si c'est vrai, c'est donc possible !

PIANO ÉLECTRIQUE.

M. l'abbé Laborde a signalé à l'Académie des sciences, dans sa séance du 2 avril 1860, une expérience qui consistait à faire reproduire à distance, au moyen de l'électricité, des sons déterminés. Un piano électrique a été construit depuis, et essayé, je crois, en présence de l'empereur, au château de Compiègne.

Mais ce n'est là jusqu'à présent qu'une amusante expérience de cabinet, et je désire bien vivement qu'elle n'en sorte pas.

Ne sommes-nous pas déjà assez malmenés par les pianos de toute espèce, droits, à queues, mélodiums, harmoniums, orgues, que sais-je encore? N'est-ce pas une infortune assez poignante d'entendre, sans les écouter, les bébés à la mamelle jouer le funeste *il baccio*, et les jeunes filles travestir, sous prétexte d'*airs variés*, les plus beaux opéras?

Des pianos électriques! il ne manquerait plus que cela!

Si l'électricité pouvait tomber sur les pianos, à la bonne heure!

HORLOGERIE ÉLECTRIQUE.

Les horloges électriques, dont on a pu voir de nombreux échantillons, paraissent n'avoir détrôné que pour un instant les anciennes horloges. Les systèmes en faveur sont ceux qui ont pour base le principe de la remise à l'heure, et pour objet la rectification périodique de la marche plus ou moins exacte d'une pendule ordinaire. Le point essentiel de l'invention consiste dans la distribution du courant qui, par un échelonnement convenable de contacts, passe successivement dans un nombre presque infini d'appareils, et les va régler tous sous l'action d'un seul régulateur. On pourrait ainsi distribuer rigoureusement la même heure dans toute la France.

A Lyon, 24 horloges publiques fonctionnent parfaitement avec un régulateur unique, et au Grand-Hôtel, à Paris, 500 pendules ordinaires marchent de cette façon avec un parfait ensemble.

TÉLÉGRAPHIE EN BALLON.

Ce nouvel emploi des ballons a été imaginé par M. Allan, ingénieur aéronaute des États-Unis, pour télégraphier les positions et les mouvements de l'armée ennemie. Le professeur Love est la première personne qui ait expédié un télégramme du haut d'un ballon (1861). L'expérience a été faite à Washington, la dépêche était ainsi conçue :

« Au président des États-Unis, ballon *l'Entreprise*.

« Sir, le point d'observation commande une éten-
« due de 50 milles à peu près de diamètre. La cité
« avec sa ceinture de campement présente une scène
« superbe. J'ai grand plaisir à vous envoyer cette
« dépêche, la première qui ait été télégraphiée d'une
« station aérienne, et à reconnaître tout ce que je
« vous dois pour m'avoir tant encouragé, et m'avoir
« donné la facilité de démontrer les services que la
« science aéronautique peut rendre dans ce pays. »

ÉCLAIRAGE DES PHARES PAR LA LUMIÈRE ÉLECTRIQUE.

L'éclairage par la lumière électrique ne paraît pas près de triompher du gaz. L'aveuglante clarté qu'elle donne, les tons bleuâtres et vert-de-grisés dont elle afflige les yeux ne plaident pas en sa faveur. Mais ces inconvénients disparaissent s'il s'agit de l'appliquer aux phares, pour lesquels l'intensité de lumière est ce que l'on recherche avant tout.

Des expériences satisfaisantes ont été faites en France et en Angleterre, et une décision du ministre de l'agriculture, du commerce et des travaux publics, du 14 juillet 1863, prescrit, à titre d'essai, l'emploi de la lumière électrique à l'éclairage du phare de premier ordre situé au cap de la Hève, près du Havre.

Le courant n'est pas demandé à des piles, mais à des machines magnéto-électriques. On a obtenu ainsi une intensité de lumière quintuple de celle qu'on obtient par l'ancien mode. Mais la question n'est pas résolue par ce seul fait. L'expérience seule dira si, dans la pratique, il faut remplacer l'huile antique par la jeune électricité.

SÉMAPHORES ÉLECTRIQUES.

Depuis un an on voit, sur les falaises et sur les escarpements de rochers des côtes de France, s'élever des maisonnettes blanches, à toits rouges et à volets verts, qui ont ceci de particulier qu'elles sont surmontées d'une tour au-dessus de laquelle se dresse un arbre de dix mètres de haut, muni de trois ailes mobiles. Modestes petites sœurs des phares, elles ont la prétention bien fondée d'être aussi utiles que leurs glorieux frères. Avec leurs ailes, elles font des signaux faciles à apercevoir à six milles au large. Un alphabet et un dictionnaire ingénieux suffisent aux correspondances les plus variées.

De Dunkerque à Bayonne, et de Port-Vendres à Menton, on compte 150 de ces sémaphores. Ceux de la Méditerranée fonctionnent déjà. Ils ont été organisés par un décret du 17 mai 1862.

Les services que ces nouvelles vigies sont appelées à rendre sont de trois sortes : la défense militaire, la sécurité de la navigation, et le développement du commerce. Pour comprendre l'importance de ces nouveaux établissements, il suffit de savoir que chaque poste est occupé par des *guetteurs*, qui peuvent communiquer, au moyen de leurs ailes mobiles, avec tous les navires en vue, — ceux-ci répondant par des signaux faits avec leurs pavillons, — et que les postes sont reliés au grand réseau par un fil télégraphique et des appareils à cadrans ordinaires. En temps de guerre, ces sémaphores peuvent mettre, à un moment donné, dans la main dirigeante l'état complet des vaisseaux amis ou ennemis, et leur position sur notre littoral. En temps de paix, ils donnent à un bâtiment de commerce, en mer, la facilité de demander et de recevoir des ordres pour relâcher dans tel ou tel port : ils rendent possible la télégraphie privée adressée de la mer ou à destination de la mer. Enfin, ils font connaître à tout instant l'état de la mer et des vents, bienfait inappréciable quand on songe au nombre de sinistres que de tels avis peuvent empêcher.

On sait, en effet, que les tempêtes ont, à part quelques mouvements giratoires, une marche lente et à peu près régulière. La fameuse tempête de 1854, qui mit en péril notre flotte devant Sébastopol, partie de l'Atlantique et ondulant de l'occident à l'orient, n'arriva, si l'on s'en souvient, qu'au bout de trois jours au fond de la mer Noire. Rien n'eût été plus facile que d'en signaler la formation et le trajet. Déjà, du reste, le service météorologique établi sur cette base a pris une grande extension, et les gouvernements étrangers se sont concertés avec le nôtre pour désigner les postes qui lancent, au besoin, leurs bulletins d'alarme.

On a pu voir, à l'occasion des tempêtes qui ont occasionné de si nombreux sinistres en novembre et en décembre 1863, les avis donnés par l'amirauté anglaise et par l'Observatoire impérial, précéder de plus de vingt-quatre heures l'arrivée du fléau. Je ne parle pas des prédictions à longue échéance de M. Mathieu (de la Drôme).

On lira avec intérêt la note suivante dans laquelle M. le Verrier expose les faits principaux qui ont signalé l'affreuse tempête du 2 décembre, et l'importance des renseignements que le service météorologique a fournis dans cette circonstance.

Tempête du 2 décembre.

« Le *Moniteur* du vendredi 4 décembre a fait connaître que des avertissements avaient été expédiés aux ports avant la tempête du mercredi 2, mais sans pouvoir dire quelles avaient été les conséquences des avis ainsi donnés. Il est peut-être nécessaire de combler cette lacune.

« Rappelons, pour être clair, que le mardi 1er, à midi 30 minutes, les ports des diverses régions, Manche, Océan et Méditerranée, sont avisés qu'une tempête arrivant du sud-ouest fond sur l'Angleterre, et que le lendemain, mercredi 2, le vent sera fort ou très-fort, c'est-à-dire à la tempête.

« De plus, le mercredi même, à 11 heures 55 du matin, une nouvelle dépêche spéciale est adressée aux ports français et italiens de la Méditerranée, pour les prévenir qu'ils sont fortement menacés.

« Cet avis est enfin, à 1 heure, suivi de la dépêche ordinaire.

« Ces dernières dépêches, confirmant celles de la veille, arrivèrent-elles en temps utile à leur destination? C'est ce que les avaries survenues dans les lignes télégraphiques ne nous permirent pas d'apprendre. La lettre suivante de M. le président de la chambre de commerce de Toulon va nous fixer à cet égard.

« J'ai reçu en temps utile, dans la journée du 2, « les deux dépêches annonçant qu'une tempête al-« lait envahir la France. Elles ont été affichées et « publiées aussitôt, et les navires du commerce « présents sur rade ont pu prendre et ont pris immé-« diatement les mesures nécessaires pour parer à « toute éventualité. La préfecture maritime, de son « côté, ordonnait à tous les officiers à terre de rega-« gner leur bord.

« La tempête s'est déchaînée vers trois heures et « demie de l'après-midi. Le premier télégramme du

« 2 (confirmant celui de la veille) avait gagné quatre
« heures d'avance sur la tempête, et tout était prêt
« pour y faire face. Il n'y a eu, grâce aux précautions
« prises, aucune avarie, aucun sinistre à déplorer.

« Hier, 3 décembre, le jour s'est levé dans une
« atmosphère chaude et calme. Les probabilités, in-
« diquées pour le temps du 3, par votre dépêche
« du 2, indiquaient des rafales de sud-ouest ou de
« nord-ouest. C'était un démenti apparent donné par
« le temps à vos prévisions. Mais avant 4 heures
« du soir, les rafales du nord-ouest se sont déchaî-
« nées. Elles ont soufflé toute la nuit du 3 au 4, et
« elles durent encore.

« La conclusion de ce qui précède est que l'insti-
« tution du service météorologique est un immense
« et permanent bienfait pour la marine. »

Ces lignes n'ont besoin d'aucun commentaire.
Elles sont confirmées dans les points importants par
des renseignements puisés à une source non moins
précise.

« Nous avons rappelé que tous les télégrammes
du 1er et du 2 avaient été expédiés à Turin. »

Dans une lettre adressée à M. Plana, et que mon
collègue de Turin m'a renvoyée, le ministre de la marine du royaume d'Italie dit que ces télégrammes ont
été tout de suite communiqués aux autorités maritimes. Et on lit dans le *Movimento* de Gênes, en date
du 3 décembre :

« Le présage de l'Observatoire de Paris s'est com-
« plétement réalisé ; les premiers signes de l'ouragan

« se sont fait sentir à Gênes vers 7 heures du soir.
« Dans la nuit, il s'est déchaîné furieux. Il ne paraît
« pas toutefois que des sinistres aient eu lieu dans
« nos parages. La capitainerie du port s'était hâtée
« de prendre les mesures opportunes, et nous n'a-
« vons qu'à l'en louer. »

« M. le contre-amiral Roze, préfet maritime de Cherbourg, veut bien, sur la demande que nous lui avons
faite, nous adresser chaque semaine un relevé de
l'état de l'atmosphère et de la mer ; c'est un contrôle
que nous consultons avec grand soin. Or, nous y li-
sons :

« La tempête a éclaté dans toute sa violence à
« Cherbourg, le 2 décembre, vers 10 heures du ma-
« tin; elle a causé beaucoup de sinistres. Tous les
« ports du littoral de la Manche avaient été prévenus
« dès la veille de l'annonce du mauvais temps. »

« Pourquoi ce sinistre dans la Manche, tandis que
Toulon et Gênes n'ont subi aucun désastre par une
tempête effroyable ? C'est un point que nous voudrions
voir éclaircir par les hommes du métier afin d'en
tirer profit.

« Sans doute la direction du vent qui, dans la
Manche, poussait à la côte, jouera un grand rôle dans
l'explication.

« Faut-il croire, d'un autre côté, que le premier
avertissement, donné le mardi et transmis sur les côtes par M. le contre-amiral Roze, n'aura pas été pris
partout par les populations maritimes assez au sé-
rieux, et qu'il aura manqué à ces parages de recevoir

un second avis, très-pressant, comme à Toulon et à Gênes? S'il en était ainsi, nous aurions à présenter une remarque sérieuse.

« Le service météorologique n'est pas complet. Au lieu d'être limité au *tiers* de la journée et de ne recevoir des nouvelles qu'une fois par jour, il devrait, pour avoir toute son utilité, être permanent. La tempête, dont nous connaissons les débuts au nord-ouest de l'Angleterre dès le mardi 1er, aurait alors été suivie pas à pas, heure par heure, et nos côtes prévenues à chaque instant de sa marche et de sa progression auraient redoublé de précautions à mesure que le fléau eût été plus imminent. »

Malheureusement, les lignes télégraphiques elles-mêmes ne sont pas à l'abri des ouragans. En comptant sans les poteaux cassés, les fils rompus, etc., on s'expose à rendre inefficaces les mesures les mieux prises pour parer au danger. Quand on a un avis pressant à envoyer, il faut pouvoir faire fond sur son messager. Telles qu'elles sont établies, les lignes n'offrent pas, tant s'en faut, une sécurité absolue.

On estimera cependant que les résultats déjà acquis permettent d'augurer favorablement de l'avenir, en ce qui concerne les sémaphores électriques.

TROISIÈME PARTIE

CHAPITRE XII

Guide de l'expéditeur de télégrammes.

RÉDACTION.

La dépêche simple étant de 20 mots (adresse comprise), il faut, autant que possible, renfermer le texte dans les limites de la plus grande concision, et, par conséquent, élaguer les articles, les pronoms, les adjectifs comme des herbes parasites. Les formules de politesse doivent être omises : le télégraphe n'est pas une école de civilité puérile et honnête.

Un accident grave vous est arrivé. Un omnibus vous est passé sur le corps, — je le suppose, mais je ne le désire pas,—et vous vous empressez d'annoncer cette désagréable nouvelle à votre femme qui habite, toujours par hypothèse, Castelnaudary. Si vous vous épanchiez par voie épistolaire, vous narreriez le fait à peu près en ces termes, je me plais du moins à l'imaginer :

« Chère moumoutte,

« Je frémis à l'idée de mettre ton exquise sensibilité
à une rude épreuve. Mais je ne puis te cacher plus
longtemps l'affreuse réalité. Ah ! comme ta clair-
voyance approchait de la prescience quand, avec les
signes de la plus vive inquiétude, tu t'accrochais à
mon paletot en me conjurant de retarder mon départ ! Plût au ciel que j'eusse écouté ta voix, qui me
paraissait alors simplement criarde, et dans laquelle
j'ai reconnu depuis un accent prophétique ! Qui
m'eût dit, lorsque, d'un pas allègre, j'arpentais les
allées de la promenade avec cet excellent Merluchet
et ce digne Ducommun, en attendant le dîner, que je
reviendrais dans la ville qui m'a vu naître, éclopé,
meurtri, boiteux, peut-être infirme jusqu'à mon dernier jour ? Qui m'eût dit ?... mais c'est trop différer le
récit de l'événement dont je suis victime et qui met
un signe de honte au front orgueilleux de cette pré-
tendue capitale du monde civilisé qu'on appelle Paris !

« Hier, à 7 heures du soir, comme je traversais le
boulevard Montmartre, avec la quiétude d'un homme
qui a dépensé 17ᶠ,50 à son dîner, le cocher d'une
voiture de maître, qui venait sur moi avec une rapidité inconcevable, me crie : Gare donc ! Je m'arrête,
mais par derrière, un omnibus que je n'avais pas
aperçu me donne un coup de timon, me renverse,
une roue de devant m'écrase la jambe, je perds con-
naissance... Quand je reviens à moi, je me trouve
dans la boutique d'un pharmacien, entouré de mé-

decins et de sergents de ville. Sur le trottoir, des badauds sont attroupés et collent leurs visages aux carreaux. En me voyant ouvrir les yeux, remuer, plusieurs font un geste de désappointement et se retirent. Ils espéraient mieux. Un homme mort offre quelque intérêt, mais un blessé, peuh !...

« On m'a transporté à l'hôtel ; ce matin je souffre moins. On me prodigue des soins mercenaires. Où sont les tiens, si tendres, ô mon Alexandra !

« Mais conçois-tu le désordre qui règne à Paris, — j'entends le désordre des voitures, — et le peu de cas que l'on fait de la vie des hommes comme moi ? Combien de personnes écrasées par jour et sans qu'on en sache rien ! Il n'y a pas de danger que les journaux en parlent. Ça éloignerait les étrangers. Eh bien ! moi, j'en parlerai, j'insérerai les faits dans toute leur nudité dans l'*Abeille* de Castelnaudary ; je ferai retentir les tribunaux de mes plaintes, je demanderai à la compagnie des omnibus cinq cent mille francs de dommages-intérêts !

« Ce n'est pas toi, moumoutte, qui trouverais la somme trop forte ?

« Viens en toute hâte. Cloué sur mon lit de douleurs, je ne puis t'écrire plus longuement.

« Je frémis en songeant que j'aurais pu succomber sans que tu fusses là pour recueillir les dernières paroles de ton
« ROBERT. »

Mais si vous empruntez la voie télégraphique, rien n'est plus facile que de réduire à dix mots ce... galimatias, et vous direz :

Madame Dardouillard, mercière, Castelnaudary,

Hier soir, accident. Jambe écrasée par voiture. Aujourd'hui mieux. Viens immédiatement.   ROBERT.

Vous êtes employé dans une administration et vous avez obtenu un congé de quinze jours *pour affaires de famille*, c'est le cliché ordinaire. Votre congé expire, et la chasse va ouvrir dans deux jours. Au lieu d'adresser à votre directeur général la lettre suivante, qui, d'ailleurs, n'arriverait pas en temps utile :

« Monsieur le directeur général,

« Les affaires de famille qui ont nécessité pendant quinze jours ma présence à Landerneau ne sont pas encore complétement terminées. Je dois signer dans l'étude du notaire un acte indispensable, dans le courant de cette semaine.

« J'ai donc l'honneur de solliciter de votre bienveillance une prolongation de huit jours.

« Je suis, avec respect, etc. »

Vous télégraphiez simplement :

Directeur général, Paris.

Affaires en souffrance. Prière accorder prolongation huit jours. Présence ici indispensable. Réponse payée.
      PLOEMENEUC.

Il ne faut rien exagérer et ne pas rendre un télégramme inintelligible par l'excès de la concision. Mieux vaudrait employer trente, quarante, cent mots que de plonger votre correspondant dans l'embarras.

Un télégramme doit être plus facile à comprendre qu'un rébus de l'*Illustration*.

MANIÈRE DE COMPTER LES MOTS ET LES NOMBRES.

Tout ce que l'expéditeur écrit sur sa minute pour être transmis, l'adresse, la signature, la date, etc., entre dans le compte des mots soumis à la taxe. L'indication de la date, de l'heure du dépôt et du lieu de départ est transmise d'office. L'expéditeur n'a donc pas lieu de s'en préoccuper.

Les mots réunis par un trait d'union ou séparés par une apostrophe, les noms géographiques, les noms de lieux, les titres, prénoms, etc., sont comptés pour le nombre de mots employés pour les imprimer, cette règle est invariable pour les dépêches internationales.

Exemple : *M. de Rotschild, banquier, Francfort-sur-Mein,* sept mots. *Aujourd'hui,* deux mots; *c'est-à-dire,* quatre mots.

Tout mot de plus de sept syllabes est taxé comme deux mots.

Exemple : *Incompatibilité* un mot. *Incompréhensibilité,* deux mots.

Les signes de ponctuation ne comptent pas.

Chaque mot souligné est compté double.

Exemple : *Réponse urgente,* quatre mots.

Les autres signes, alinéas, parenthèses, etc., ne sont pas comptés.

En France, cependant (la Corse, l'Algérie et la Tunisie comprises), les noms composés, formant à ce titre un article spécial du dictionnaire de l'Académie ne sont comptés que pour un mot.

Exemple : *c'est-à-dire*, un mot; — *qu'en dira-t-on* (substantif), un mot; *aujourd'hui*, un mot.

Les mombres écrits en toutes lettres sont comptés pour le nombre de mots qu'ils contiennent.

Exemple : *Douze cent soixante-trois*, quatre mots.

Les nombres écrits en chiffres comptent pour mot jusqu'à cinq chiffres, et au-dessus, pour autant de mots qu'ils contiennent de fois cinq chiffres ; plus un mot pour les chiffres excédants.

La virgule et la barre de division sont comptées chacune pour un chiffre.

Exemple : 527,232, deux mots; — 47,1/4, un mot ; — 347,1/3, deux mots.

Exception : 3 0/0, deux mots; — 3 p. 100, trois mots.

Les lettres isolées ou par groupes, sans signification, sont prises chacune pour un mot, et tous les autres signes ou marques, pour le nombre de mots nécessaires pour les exprimer.

Exemple : $\boxed{\text{A}}$, quatre mots (*A dans un carré*) ; — $\frac{PE}{O}$, quatre mots (*PE sur O*).

PORT DES TÉLÉGRAMMES. — POSTE, EXPRÈS, ET ESTAFETTES.

Le port des dépêches à domicile ou au bureau de poste, dans le lieu d'arrivée, est gratuit. Le lieu d'arrivée s'entend, pour Paris, de l'enceinte du mur d'octroi, et, pour les départements, lorsque la commune est composée de plusieurs centres de population, de celui où est situé le bureau télégraphique.

Les dépêches adressées hors du lieu d'arrivée sont, à la diligence du directeur, ou portées par la poste, ou envoyées à destination par un exprès, selon la demande de l'expéditeur.

Quand l'expéditeur ne stipule rien pour l'envoi d'une dépêche hors du lieu d'arrivée, la dépêche est mise à la poste. Dans ce cas, comme dans celui où le dépôt à la poste est fait sur la demande de l'expéditeur, l'affranchissement est obligatoire et les lettres sont recommandées. Il est perçu, à cet effet, au point de départ, le port d'une lettre simple, plus la taxe de changement. En France, 40 centimes, et poste restante, 30 centimes seulement. A l'étranger, l'affranchissement est de 1 franc pour toutes les destinations de l'Europe, et de $2^f,50$ pour les autres parties du monde.

A toute dépêche portée au domicile du destinataire est joint un reçu qui doit être signé de la personne à qui la dépêche est adressée, ou d'un membre de sa famille, ou d'une personne attachée à son service. — Si l'on ne trouve, à l'adresse indiquée, ni le destinataire, ni la personne qui répond pour lui, mention en est faite sur la dépêche, qui est rapportée au bureau d'arrivée.

Le port du télégramme peut nécessiter un exprès ou une estafette. Ex : *M. Laurent propriétaire, à*

Neuville, exprès Lyon ; — M. Zimmermann, à Hambourg, exprès Francfort. Ces télégrammes sont transmis par voie télégraphique à Lyon ou à Francfort, puis portés par exprès à destination.

En France les frais d'exprès se règlent à raison de 1 franc pour le premier kilomètre, et 50 centimes pour chacun des suivants. Exception pour la Seine : quand le télégramme doit être porté par exprès dans l'intérieur du département, la taxe à percevoir est uniformément fixée à 2 francs. Les frais d'estafette sont réglés à raison de 3^f,75 par myriamètre.

A. l'étranger le port par exprès, dans un rayon maximum de 15 kilomètres, coûte uniformément 3 francs. Au delà, le prix à déposer pour le transport par exprès ou estafette est de 4 francs par myriamètre.

COLLATIONNEMENT, ACCUSÉS DE RÉCEPTION, RÉPONSE
PAYÉE D'AVANCE.

Les noms propres, les groupes de chiffres 1 ou de lettres sont répétés d'office et gratuitement.

Lorsque l'expéditeur veut faire collationner sa dépêche, c'est-à-dire la faire répéter en entier par le bureau de destination, la taxe à appliquer est celle de la dépêche transmise.

Tout expéditeur qui exige du bureau destinataire l'accusé de réception de sa dépêche doit payer, pour le recevoir, la somme que coûterait la transmission d'une dépêche simple pour le même parcours. On entend par accusé de réception l'indication de l'heure et de la remise de la dépêche à domicile. La minute de la dépêche doit toujours porter, après le texte et avant la signature, l'indication : *accusé de réception* ou *collationnement payé*. Toute demande de collationnement ou d'accusé de réception non comprise dans la dépêche est considérée comme une nouvelle dépêche et taxée comme telle.

La réponse peut être payée d'avance par l'expéditeur, qui dépose dans ce cas, à titre d'arrhes, une somme égale à la taxe d'une dépêche de vingt mots pour la distance à parcourir. Il est délivré récépissé du dépôt. Si les arrhes sont insuffisantes, la dépêche n'est remise qu'après réglement de compte.

Ces dispositions sont applicables à tous les télégrammes français ou étrangers.

TÉLÉGRAMMES ADRESSÉS A PLUSIEURS PERSONNES DANS LA MÊME VILLE.

Lorsqu'une dépêche est adressée à plusieurs personnes dans la même ville. Ex : *M. Durand, rue Richelieu* ; *M. Thomas, rue de l'Échiquier* ; *M. Lenoir, rue de l'Odéon, à Paris*, il est perçu, en sus de la taxe, autant de fois 1 franc qu'il y a de destinataires moins un.

TÉLÉGRAMMES RETIRÉS OÙ ANNULÉS.

Une dépêche peut être retirée ou annulée par l'expéditeur avant ou pendant la transmission, mais le principal de la taxe reste acquis au trésor ; les frais d'affranchissement d'exprès ou autres accessoires sont seuls remboursés.

SERVICE DE NUIT.

Les dépêches déposées de 9 heures du soir à 8 heures du matin en hiver, et de 9 heures du soir à 7 heures du matin en été, sont considérées comme dépêches de nuit.

Après 9 heures du soir les dépêches ne sont reçues dans les bureaux de nuit que pour les villes où le service de nuit est établi, savoir :

Bordeaux.	Dunkerque.	Montpellier.	Rennes.
Boulogne.	Le Havre.	Mulhouse.	Rouen.
Calais.	Lille.	Nancy.	Strasbourg.
Chambéry.	Limoges.	Nantes.	Toulouse.
Dieppe.	Lyon.	Nice.	Tours.
Dijon.	Marseille.	Paris.	

Le tarif est le même que pour les dépêches de jour.

Après minuit, les dépêches ne sont portées que lorsque l'extrême urgence en est reconnue.

Adresses des bureaux dans Paris.

1ᵉʳ arrondissement. Hôtel des Postes, rue Jean-Jacques Rousseau.

2ᵉ   Place de la Bourse, 12.
3ᵉ   Boulevard du Temple, 41.
4ᵉ   Hôtel de ville, côté de la rue de Rivoli.
5ᵉ   Boulevard Sébastopol, 47, rive gauche.

6e	—	Palais du Sénat, rue de Vaugirard.
7e	—	Rue de Grenelle-Saint-Germain, 103. Corps législatif, rue de Bourgogne. (Ce bureau ne fonctionne que pendant la session.)
8e	—	Place de la Madeleine, 7. Rue Saint-Lazare, 126. Avenue des Champs-Élysées, 67.
9e	—	Rue Fléchier, 2 (près N.-D. de Lorette). Grand-Hôtel, boulevard des Capucines.
10e	—	Gare du Nord, place Roubaix, 24. Gare de l'Est. Boulevard Saint-Denis, 16.
12e	—	Rue de Lyon, 57 et 59. Bercy (quai de Bercy, 27).
13e	—	Gare d'Orléans, rue de la Gare, 77. Les Gobelins, route d'Italie, 6.
14e	—	Montrouge, route d'Orléans, 8.
15e	—	Grenelle, rue du Théâtre, 1.
16e	—	Passy, place de la Mairie, 4.
17e	—	Les Batignolles, rue d'Orléans, 45. Les Ternes, avenue de la Porte Maillot, 80.
18e	—	Montmartre, rue des Acacias, 4.
19e	—	La Villette, rue de Flandres, 43.
20e	—	Belleville, rue de Paris, 58.

Il y a aussi un bureau à Neuilly (Seine), avenue de Neuilly, 108.

N^a. Les bureaux de la rue de Grenelle-Saint-Germain, de la place de la Bourse, de l'avenue des Champs-Élysées et de la rue de Lyon, fonctionnent le jour et la nuit. Les autres bureaux ouvrent à 7 heures du matin en été et à 8 heures en hiver ; excepté celui du Grand-Hôtel (boulevard des Capucines) qui reste ouvert jusqu'à minuit et demi, ces bureaux ferment à 9 heures du soir en toute saison.

CHAPITRE XIII

Tarifs.

TARIFS UNIFORMES INTERNATIONAUX.

BELGIQUE.

La taxe de la dépêche simple échangée entre un bureau quelconque de Belgique et un bureau quelconque de France est fixée au taux uniforme de 3 francs (2 francs pour la France, 1 franc pour la Belgique). — Cette taxe est augmentée de moitié par série ou fraction de série supplémentaire de dix mots. (Convention en vigueur depuis le 1er janvier 1863.)

GRAND-DUCHÉ DE LUXEMBOURG.

La taxe de la dépêche simple échangée entre un bureau quelconque du grand duché de Luxembourg et un bureau quelconque de France est fixée au taux uniforme de 3 francs (2 francs pour la France, 1 franc pour le Luxembourg). — Cette taxe est augmentée de moitié par série ou fraction de série supplémentaire de dix mots. (Convention en vigueur depuis le 1er juillet 1863.)

ESPAGNE.

La taxe de la dépêche simple échangée entre un

bureau quelconque d'Espagne et un bureau quelconque de France est fixée au taux uniforme de 4 francs (2 francs pour la France, 2 francs pour l'Espagne). — (Convention en vigueur au 1ᵉʳ janvier 1864.)

SUISSE.

La taxe de la dépêche simple échangée entre un bureau quelconque de Suisse et un bureau quelconque de France est fixée au taux uniforme de 3 francs (2 francs pour la France, 1 franc pour la Suisse). — (Convention en vigueur au 1ᵉʳ janvier 1864.)

TARIF SPÉCIAL A L'ALGÉRIE ET A LA TUNISIE.

Une convention, conclue le 19 avril 1861, avec le bey de Tunis, concède à l'administration française les lignes tunisiennes.

Les dépêches échangées entre la France, l'Algérie et la Tunisie, sont transmises à Marseille par le télégraphe, et mises à la poste pour reprendre en Algérie la voie télégraphique jusqu'au point d'arrivée.

La taxe pour l'Algérie est fixée au taux uniforme de 3ᶠ,50 (2 francs pour le parcours français, 1ᶠ,50 pour le parcours algérien).

La taxe pour la Tunisie est augmentée de 1 franc, soit 4ᶠ,50 (toujours pour la dépêche simple de 20 mots); à ces taxes s'ajoute un droit de poste invariable de 40 centimes (prix du chargement).

Il est bon de savoir que les dépêches en provenance ou à destination d'Alger sont affranchies de la taxe télégraphique algérienne, et les dépêches en provenance ou à destination de Marseille, de la taxe télégraphique française.

Les paquebots pour l'Algérie partent de Marseille tous les jours à midi, les dimanches et lundis exceptés. Les mardis, jeudis et samedis ils vont à Alger, les mercredis à Oran, et les vendredis à Philippeville. Il partent d'Alger les mardis, jeudis et samedis à midi ; d'Oran et de Philippeville les mercredis à midi.

TARIFS INTERNATIONAUX CALCULÉS PAR ZONE.

(Traités de Bruxelles et de Berne, publiés le 1er février et le 1er avril 1859.)

Ces tarifs, auxquels sont soumis l'Angleterre, l'Autriche, Anhalt-Dessau, Bade, la Bavière, le Brunswick, le Danemark, la Grèce, le Hanovre, la Hesse-Cassel, la Hesse-Darmstadt, Hohenzollern-Sigmaringen, les îles de la Manche et de la Méditerranée, l'Italie, la Moldavie, le Mecklembourg-Schwerin, le Mecklembourg-Strelitz, Nassau, la Norwége, les Pays-Bas, le Portugal, la Prusse, là Russie, la Saxe, Saxe-Altembourg, Saxe-Cobourg-Gotha, Saxe-Meiningen, Saxe-Weimar, la Savoie, la Suède, la Turquie et la Valachie, les villes libres de Brême, Francfort, Hambourg et Lubeck, sont basés sur la distance à parcourir. Chaque État s'est divisé en un certain nombre de zones (la France, par exemple, dans sa pus grande longueur, de Dunkerque à Toulon en compte cinq), et a fixé le tarif de la zone à 1^f,50.

Chaque taxe internationale se compose par conséquent de la taxe française calculée sur le nombre de zones depuis le point de départ jusqu'à l'une des frontières, *anglaise, belge, allemande, suisse, italienne* et *espagnole*, plus de la taxe étrangère à partir de ces frontières.

				fr.	c.
Ainsi, de Paris à la front. franco-anglaise, la taxe sera de				3	»
—	—	belge,	—	3	»
—	—	allemande,	—	4	50
—	—	suisse,	—	4	50
—	—	italienne,	—	6	»
—	—	espagnole,	—	6	»

Maintenant la taxe de Berlin à la frontière franco-allemande étant de 7^f,50, on voit que le prix d'une dépêche de Paris pour Berlin sera de 12 francs (7^f,50 pour le parcours étranger, 4,50 pour le parcours français).

Prenons quelques points inégalement situés sur le territoire français : Lille, Strasbourg, Bordeaux Marseille, Lyon.

		fr.	c.			fr.	c.	
Lille......	payera	4	50	jusqu'à la		7	50	jusqu'à
Strasbourg	—	1	50	frontière		4	50	la
Bordeaux	—	7	50	franco-		6	»	frontière
Marseille	—	6	»	allemande		3	»	ita-
Lyon	—	4	50	et...		3	»	lienne.

Prenons aussi quelques villes étrangères : Cologne, Dresde, Rome, Constantinople.

	fr.	c.
Cologne paye jusqu'à la frontière franco-allemande..	3	»
Dresde — — — allemande...	6	»
Rome — — — italienne....	7	50
Constantinople — — — allemande...	16	50

Le prix d'un télégramme de Bordeaux pour Constantinophe se composera par conséquent de la part française 7ᶠ,50, et de la part étrangère, 16ᶠ,50, soit 24 francs taxe totale ; de Strasbourg à Rome, 4ᶠ,50 pour la France, 7ᶠ,50 pour l'Italie, taxe totale, 12 francs. Ainsi de suite. Il est bien entendu que ce prix est celui de la dépêche simple de 20 mots. L'augmentation est de moitié pour chaque série de dix mots en sus.

Pour donner au public une idée du coût des télégrammes pour tous les pays, je donnerai les taxes des principales villes des divers États. En prenant comme taxe moyenne pour la France celle de Paris aux diverses frontières, quoique en réalité elle soit peut-être un peu au-dessous du chiffre véritable, et en l'ajoutant à la taxe étrangère, on aura immédiatement le prix approximatif des dépêches.

ANGLETERRE.

L'Angleterre fait à la règle que je viens d'exposer une première exception, en ce qu'elle prend une taxe uniforme de 4ᶠ,25 pour un point quelconque du Royaume-Uni, et une seconde concernant les îles de la Manche : Jersey, Guernesey, Aurigny. Les télégrammes à destination de ces derniers points transitent par Coutances. La part française s'augmente pour Paris de 1ᶠ,50, soit 4ᶠ,50, et la part des îles est de 3 francs. Une dépêche de Paris à Londres, Édimbourg, Dublin, etc., coûte donc 7ᶠ,25, et de Paris à Jersey, Guernesey, 7ᶠ,50.

AUTRICHE.

TAXE LA PLUS BASSE, A PARTIR DE LA FRONTIÈRE :

		fr. c.
Insprück......	franco-allemande ou suisse...........	
Trente........	— italienne.....................	4 50
Vérone........	— italienne.....................	
Capo d'Istria...	— italienne.....................	
Carlsbad.......	— allemande.....................	
Padoue........	— allemande, suisse ou italienne..	6 »
Pola..........	— italienne.....................	
Prague........	— allemande.....................	
Tœplitz.......	— allemande.....................	
Trieste........	— italienne.....................	6 »
Venise........	— allemande, suisse ou italienne..	
Fiume.........	— .... id.	
Gratz........	— allemande.....................	
Laybach.......	— allemande, suisse ou italienne..	7 50
Vienne........	— allemande ou suisse..........	
Cracovie.......	— allemande.....................	
Pesth-Bude. ...	— allemande ou suisse..........	9 »
Cattaro........	— allemande, suisse ou italienne..	
Hermanstadt...	— allemande.....................	
Orsowa........	— —	
Przemysl......	— —	10 50
Raguse........	— allemande, suisse ou italienne..	
Temeswar.....	— allemande ou suisse..........	
Czernowitz....	— —	12

ANHALT-DESSAU.

TAXE LA PLUS BASSE, A PARTIR DE LA FRONTIÈRE :

		fr. c.
Dessau........	franco-allemande.................	6 »

BADE.

Baden-Baden...	— badoise....................	
Carlsruhe......	— —	1 50
Heidelberg.....	— —	

BAVIÈRE.

Augsbourg.....	— bavaroise....................	3 »
Nuremberg....	— —	
Munich........	— —	4 50
Passau..... ..	— —	

BRUNSWICK.

Oschersleben...	— allemande....................	6 »
Hartzbourg....	— —	7 25
Ringelheim....	— —	

DANEMARK.

Altona........	— allemande....................	7 50
Kiel..........	— —	9 »
Sleswig.......	— —	
Copenhague...	— —	
Elseneur......	— —	10 50
Joegerprüs.....	— —	

ÉTATS DE L'ÉGLISE.

Civita-Vecchia..	— italienne....................	
Terracine......	— —	7 50
Rome.........	— —	

ÉGYPTE.

TAXE LA PLUS BASSE, A PARTIR DE LA FRONTIÈRE :

		fr. c.
Alexandrie.....	franco-italienne.....................	51 »
Le Caire......	— —	56 20

GRÈCE.

Syra..........	—	allemande (ligne Castellastua)..	25 50
Le Pirée.......	—	—	31 »
Athènes......	—	—	
Corinthe......	—	—	
Nauplie.......	—	—	31 50
Thèbes........	—	—	
Patras.........	—	—	
		....	33 »

HANOVRE.

Gottingue.....	—	allemande.....................	4 50
Emden........	—	belge ou allemande...........	
Hanovre......	—	—	6 »

HESSE-CASSEL.

Cassel.........	—	allemande.....................	4 50

HESSE-DARMSTADT.

Darmstadt.....	—	bavaroise ou badoise..........	1 50
Bingen........	—	allemande....	
Mayence.......	—	—	3 »

HESSE-HOMBOURG.

Hombourg.....	—	allemande.....................	3 »

HOHENZOLLERN-SIGMARINGEN.

Sigmaringen...	—	allemande ou suisse.........	3 »

ILES DE CORFOU ET DE MALTE.

TAXE LA PLUS BASSE, A PARTIR DE LA FRONTIÈRE :

			fr. c.
Corfou........	franco-italienne.....................		13 50
La Valette.....	— —		13 50

ITALIE.

			fr. c.
Turin.........	— italienne....................		1 50
Bologne.......	— —		
Brescia........	— —		
Cagliari......	— —		
Côme.........	— —		
Crémone......	— —		
Florence......	— —		3 »
Gênes.........	— —		
Livourne......	— —		
Milan.........	— —		
Parme........	— —		
Pise..........	— —		
Plaisance......	— —		
Ancône.......	— —		
Capoue........	— —		
Casale........	— —		
Caserte.......	— —		
Chieti........	— —		4 50
Ferrare.......	— —		
Gaëte.........	— —		
Naples........	— —		
Sinigaglia.....	— —		
Catane........	— —		
Messine.......	— —		6 »
Palerme.......	— —		
Nolo.........	— —		
Otrante.......	— —		7 50
Syracuse......	— —		

LIPPE (PRINCIPAUTÉ DE).

TAXE LA PLUS BASSE, A PARTIR DE LA FRONTIÈRE :

		fr. c.
Desmold... ...	franco-allemande....................	4 50

MECKLEMBOURG.

| Rostock..... . | — allemande............... | 7 50 |
| Schwerin...... | — allemande ou belge.. .... | |

MOLDAVIE.

Fokshan.......	— allemande	13 50
Galacz.........	— —	
Jassy..........	— —	

NASSAU (DUCHÉ DE).

| Ems........... | — allemande............. ..... | 3 50 |
| Ruedesheim. .. | —   —   .... | 3 86 |

NORWÈGE.

Frédérickschald	— allemande........	18 »
Brevig.........	— —	19 50
Christiana.	— —	
Storwaagen....	— —	21 »
Stène.........	— —	24 »

OLDENBOURG (DUCHÉ D').

| Oldenbourg.... | — belge...................... ... | 7 » |

PAYS-BAS.

Dordrecht. ...	— belge..............	3 »
La Haye......	— —	
Rotterdam.....	— —	
Utrecht.......	— —	
Amsterdam....	— belge ou allemande....	4 50

PORTUGAL.

TAXE LA PLUS BASSE, A PARTIR DE LA FRONTIÈRE :

			fr. c.
Braga.........	franco-espagnole...........	}	7 50
Oporto....	—	—	....
Bragance......	—	—	....
Cintra.........	—	—	....
Coïmbre.......	—	—	....	9 »
Lisbonne.	—	—	....

PRUSSE.

			fr. c.
Saarbruck.	— allemande...........	}	1 50
Trèves.	—	—	....
Aix-la-Chapelle.	— belge ou allemande........	}	
Bonn.........	— allemande...........		3 »
Coblentz.......	—	—	....
Cologne.......	— belge ou allemande........	
Dusseldorf.....	—	—	....	4 50
Creuzthal......	—	—	....	6 »
Berlin.........	— allemande...........	}	
Breslau	—	—	....
Gorlitz........	—	—	....	7 50
Posen........	—	—	....
Stettin.	—	—	....
Dantzig........	—	—	....	} 9 »
Myslowitz......	—	—	....
Kœnigsberg....	—	—	....	} 10 50
Tilsitt.........	—	—	....
Eudkuhnen....	—	—	....	12 »

REUSS (PRINCIPAUTÉ DE).

Schleitz.......	— allemande...........	4 50

RUSSIE.

Granitza......	— allemande...........	}	10 50
Plotzk........	— Myslowitz-Granitza........	

TAXE LA PLUS BASSE, A PARTIR DE LA FRONTIÈRE :

		fr. c.
Polangen......	franco-allemande..................	12 »
Varsovie.......	— —	
Kowno.........	— —	13 50
Dunabourg....	— allemande, lig. Polang-Eudkun.	
Minsk.........	— —	15 »
Riga.........	— allemande, lig. Polang-Eudkun.	
Kiew.........	— allemande, ligne Radziwilow...	
Pzkow.......	— allemande, lig. Polang-Eudkun.	16 50
Revel........	— — —	
Cherson......	— allemande, ligne Radziwilow...	
Nikolajew.....	— — — ...	
Odessa.......	— — — ...	18 »
St-Pétersbourg.	— allemande, lig. Polang-Eudkun.	
Smolensk.....	— — —	
Moscou.......	— — —	19 50
Taganrog.....	— allemande, ligne Radziwilow....	21 »
Kasan........	— allemande.................	
Orenburg.....	— —	22 50
Perm........	— —	24 »
Jekaterinburg..	— —	25 50
Kamuschlow...	— —	23 50
Omsk........	— —	34 50

SAXE.

		fr. c.
Dresde........	— allemande.................	
Leipzig.......	— —	6 »
Grimitschau...	— —	7 50

SAXE-ALTENBOURG.

		fr. c.
Altenbourg....	— allemande.................	6 »

SAXE-COBOURG-GOTHA.

		fr. c.
Cobourg.......	— allemande.................	
Gotha........	— —	4 50

SAXE-MEININGEN.

TAXE LA PLUS BASSE, A PARTIR DE LA FRONTIÈRE :

		fr. c.
Meiningen	franco-allemande..................	4 50

SAXE-WEIMAR.

| Eisenach. ..... | — allemande................... | } 4 50 |
| Weimar........ | — — .... | |

SCHWARZBOURG.

| Rudolstadt. ... | — allemande.................. | 5 » |

SERVIE.

Belgrade.......	— allemande, suisse ou italienne.	} 12 »
Poscharewaz...	— — — —	
Iagodina.......	— — — —	} 13 50
Kragujevacz....	— — — —	

SUÈDE.

Gothembourg..	— allemande..................	16 50
Stockholm.....	— —	} 18 »
Upsala.	— —	
Sundswall.....	— —	21 »
Haparanda.....	— —	22 50

TURQUIE.

Scutari (Albanie).	— allemande, ligne Castellastua...	10 50
Scutari (Turquie).	— — — ...	12 »
Nissa.........	— allem., ligne austro-roumaine.	
Rutschuck.....	— — —	} 13 50
Schumla.......	— — —	

TAXE LA PLUS BASSE, A PARTIR DE LA FRONTIÈRE :

		fr. c.
Andrinople....	franco-allem., ligne austro-roumaine..	
Salonique.....	— — ligne Castellastua......	15 »
Constantinople.	— — —	
Dardanelles....	— — —	16 50
Gallipoli.......	— — —	
Chio..........	— — —	22 50
Smyrne (Turq. d'As.)	— — —	25 50

VALACHIE.

Tergoviste.....	— allemande...................	12 »
Bucharest.....	— —	
Gaesti........	— —	
Oltenitza......	— —	00 00
Slatina........	— allemande, ligne Vercsorowa.	
Tekuez.......	— —	15 »

WALDECK (PRINCIPAUTÉ DE).

Corbach.......	— allemande......	4 50

VILLES LIBRES

Brême........	— belge ou allemande...........	6 »
Francf.-s.-Mein.	— badoise.................	1 50
Hambourg.....	— allemande.	6 »
Lubeck.......	— belge ou allemande.	7 50

WURTEMBERG.

Stuttgard......	— allemande................	
Tubingen......	— —	3 »
Ulm..........	— —	

TÉLÉGRAMMES A DESTINATION DE L'AMÉRIQUE
SEPTENTRIONALE.

Ces télégrammes sont transmis jusqu'à Liverpool ou Queestown, puis réexpédiés par les paquebots transatlantiques, de ces villes jusqu'à Halifax, New-York ou Québec ; elles reprennent ensuite la voie télégraphique jusqu'à destination.

Les expéditeurs s'informent eux-mêmes des jours et heures de départ des paquebots ; ces renseignements ne sont transmis télégraphiquement qu'aux principales stations et immédiatement affichés dans les salles d'attente.

L'adresse de la dépêche doit comprendre le nom de l'État ou du district de la ville destinataire.

L'adresse du destinataire, celle de l'expéditeur et sa signature sont transmises gratuitement.

Les dépêches doivent porter l'une des trois indications suivantes : voie *Halifax*, voie *New-York* ou voie *Québec*.

Nous allons donner, sur les deux pages suivantes, les principales taxes américaines.

NOMS DES BUREAUX.	NOMS DES ÉTATS.	VOIE QUÉBEC.		VOIE HALIFAX.			VOIE NEW-YORK.		
		Télégramme de 10 mots.	Pour chaque mot en sus.	Télégramme de 10 mots.	Télégramme de 20 mots.	Pour chaque mot au-dessus de 20.	Télégramme de 10 mots.	Télégramme de 20 mots.	Pour chaque mot au-dessus de 20.
Auguste.........	Géorgie.........	»	»	26 90	37 80	1 40	18 15	24 90	1 00
Baltimore.......	Maryland.......	»	»	23 15	32 00	1 20	14 40	18 55	» 75
Boston..........	Massachusets....	»	»	17 30	22 70	0 85	12 50	15 65	» 65
Buffalo.........	New-York.......	»	»	21 35	29 25	1 10	13 15	16 25	» 65
Charleston......	South-Carolina...	17 50	1 00	26 25	36 65	1 35	17 50	23 75	» 95
Chicayo.........	Illinois.........	»	»	25 30	34 70	1 25	16 65	21 35	» 80
Cincinnati......	Ohio...........	»	»	28 15	38 00	1 30	17 50	23 75	» 95
Concord........	New-Hampsh....	»	»	18 75	25 00	0 95	13 75	17 90	» 75
Détroit.........	Michigan.......	»	»	23 55	32 90	1 25	14 90	19 05	» 75
Dover..........	Delaware.......	»	»	24 05	32 40	1 15	15 40	18 55	» 65
Galveston (1)....	Texas..........	»	»	34 40	48 95	1 75	24 40	34 80	1 35
Hamilton.......	Canada-West....	»	»	20 10	28 45	1 15	16 90	20 95	» 80
Indianopolis.....	Indiana.........	»	»	24 60	33 95	1 25	17 50	23 75	» 95
Iowa-City.......	Iowa...........	»	»	27 90	39 40	1 45	19 40	25 65	» 95
Louisville.......	Kentucky.......	»	»	24 60	33 95	1 25	17 50	23 75	» 95
Macon..........	Géorgie.........	»	»	28 00	40 75	1 50	19 40	26 65	1 05
Memphis........	Tennessee.......	»	»	30 50	44 05	1 65	22 00	30 30	1 15
Milwaukie.......	Wisconsin.......	»	»	25 50	34 90	1 25	17 00	21 65	» 80
Mobile.........	Alabama........	24 40	1 00	30 50	43 95	1 65	21 90	30 20	1 15
Montpellier......	Vermont........	»	»	20 00	26 75	1 00	12 50	15 65	» 65

(1) Par la poste, à partir de New-Orléans.

NOMS DES BUREAUX.	NOMS DES ÉTATS.	VOIE QUÉBEC.		VOIE HALIFAX.			VOIE NEW-YORK.		
		Télégramme de 10 mots.	Pour chaque mot en sus.	Télégramme de 10 mots.	Télégramme de 20 mots.	Pour chaque mot au-dessus de 20.	Télégramme de 10 mots.	Télégramme de 20 mots.	Pour chaque mot au-dessus de 20.
Montréal.........	Canada-East.....	»	»	18 75	26 05	1 05	13 15	16 25	» 65
Natchez.........	Mississipi.......	»	»	31 25	89 80	1 65	22 70	30 50	1 10
New-Haven......	Connecticut.....	»	»	17 50	23 75	0 95	11 25	13 35	» 50
New-Orléans.....	Louisiane........	24 40	1 25	34 40	48 95	1 75	24 40	34 80	1 35
New-York 1)....	New-York	10 65	0 45	19 40	26 15	1 00	» »	» »	» »
Niagara.........	Idem...........	»	»	21 45	29 25	1 10	13 15	16 25	» 65
Pétersbourg.....	Virginie........	»	»	23 15	32 00	1 20	15 65	20 30	» 80
Philadelphie.....	Pensylvanie.....	»	»	22 50	30 85	1 15	12 50	15 65	» 65
Pittsbourg......	Idem...........	»	»	23 15	32 00	1 20	14 15	17 30	» 65
Portland........	Maine..........	»	»	15 65	18 75	0 65	14 40	18 55	» 75
Québec.........	Canada-East.....	»	»	16 90	23 15	0 95	15 65	20 30	» 80
Richmond.......	Virginie........	»	»	23 15	32 00	1 20	14 40	18 55	» 75
Savannah........	Géorgie.........	18 15	1 15	28 15	39 60	1 45	18 15	24 90	1 00
Saint-John's.....	New-Brunswick .	9 60	0 40	11 25	13 35	0 50	15 65	19 80	» 75
Saint-John's.....	New-Foundland .	28 75	1 45	28 15	37 50	1 25	36 25	50 85	1 75
Saint-Louis......	Missouri........	»	»	33 15	45 65	1 55	20 65	28 95	1 15
Toronto.........	Canada-West....	»	»	19 60	27 40	1 10	15 65	20 30	» 85
Trenton.........	New-Jersey	»	»	22 50	30 85	1 15	12 50	15 10	» 50
Washington.....	Colombie........	»	»	23 15	32 00	1 20	14 40	18 55	» 75
Wilmington.....	North-Carolina...	»	»	25 00	34 90	1 30	16 90	23 15	» 95

(1) Les dépêches envoyées directement à New-York sont soumises seulement à la taxe postale de 2 fr. 50 c.

TÉLÉGRAMMES A DESTINATION DE L'INDE, DE LA CHINE, DE L'ILE MAURICE, SINGAPOUR, L'AUSTRALIE, ETC.

Les dépêches pour l'Inde, la Chine, l'île Maurice, Singapour, l'Australie, et autres lieux en communication postale régulière avec l'Europe, ne peuvent être expédiées par le télégraphe que jusqu'à Suez. Au delà, elles sont transmises à destination par la poste. Elles sont soumises aux taxes suivantes, y compris les frais de poste :

20 mots, à partir de la frontière franco-italienne. . 67 fr. 65
—   —   —   franco-suisse. . . . . 73 fr. 65

Ces taxes sont augmentées de moitié par chaque série ou fraction supplémentaire de dix mots.

La faculté de faire remettre à domicile ou à la poste une même dépêche adressée à deux ou plusieurs destinataires, n'est pas admise sur les lignes de la Compagnie de Malte à Alexandrie et d'Alexandrie à Suez.

FIN.

TABLE DES MATIÈRES

PREMIÈRE PARTIE.
LA TÉLÉGRAPHIE EN FRANCE.

CHAPITRE PREMIER.
Coup d'œil rétrospectif. — Télégraphie aérienne.

CHAPITRE II.
Établissement de la télégraphie électrique.

LIGNES AÉRIENNES, SOUTERRAINES ET SOUS MARINES.

CHAPITRE III.

Pile.

CHAPITRE IV.

Appareils.

CHAPITRE V.

Réseau.

CHAPITRE IV.

Télégrammes.

CHAPITRE V.

Personnel.

DEUXIÈME PARTIE.

CHAPITRE VIII.

Télégraphie étrangère.

CHAPITRE IX.

Projets de télégraphie transatlantique.

CHAPITRE X.

Télégraphie des chemins de fer.

CHAPITRE XI.

Curiosités télégraphiques.

TROISIÈME PARTIE.

CHAPITRE XII.

Guide de l'expéditeur du télégramme.

CHAPITRE XIII.

Tarifs.

CORBEIL. — TYP. ET STÉR. DE CRÉTÉ.

EN VENTE A LA MÊME LIBRAIRIE

Les Mémoires d'un Gigolin, par Henry de Kock. 1 vol. avec vignettes .... 3 fr.

La nouvelle Messaline, par Henry de Kock. 1 vol. in-18 jésus, avec une vignette .... 3 fr.

La Voleuse d'Amour, par Henry de Kock. 2e édit. 1 vol. in-18 jésus, orné de 3 vignettes .... 3 fr.

Les Accaparadoses, par Henry de Kock. 1 volume in-18 jésus, avec 2 vignettes .... 3 fr.

En Vacances, par Oscar Comettant. 1 vol. in-18 jésus, avec 2 vignettes .... 3 fr.

L'Amérique telle qu'elle est, par Oscar Comettant. 1 vol. in-18 jésus, avec 2 vignettes .... 3 fr.

Les Finesses de l'Argenson, par Adrien Paul. 1 vol. in-18 jésus, avec 2 vignettes .... 3 fr.

Les Amours de Henri IV, par M. de Lescure. Un beau et fort vol. in-18 jésus, avec 4 charmants portraits:.... 4 fr.

Épisodes de la Guerre de Pologne, par Eug. d'Arnoult. 1 vol. in-18 jésus .... 3 fr.

Les Sabotiers de la Forêt Noire, par Emmanuel Gonzalès. 1 vol. in-18 jésus, avec 2 vignettes........ 3 fr.

Jeanne de Roqueville, par Casimir Blanc. Un volume in-18 jésus, avec 2 vignettes .... 3 fr.

Un Mariage scandaleux, par André Léo (Deuxième édition). 1 vol. in-18 jésus .... 3 fr.

Séductions, par Émile Ollivier. 1 vol. in-18 jésus.... 3 fr.

L'Amateur photographe, par Ch. Bride. *Guide pratique* avec de nombreuses vignettes. 1 vol. in-18. 3 fr.

La France drôlatique, carte drôlatique et mnémonique, reproduisant sous les rubriques la nomenclature des 92 départements de la France et l'Algérie et de leurs 385 préfectures et sous-préfectures. 1 vol. in-18 raisin. .... 1 fr.

Femmes et Fleurs, *Petites photographies badines*, par Ch. Maroy. 1 joli volume in-32 jésus. .... 1 fr. 50

Les anciennes maisons de Paris sous Napoléon III, par Lefeuve. 60 livraisons (ouvrage complet) réunies en deux vol. Prix réduit, au lieu de 96 fr. .... 20 fr.

Fables nouvelles, par Edmond Granger. 1 vol. in-18 jésus .... 2 fr.

CORBEIL. TYP. ET STÉR. DE CRÉTÉ.

www.ingramcontent.com/pod-product-compliance
Lightning Source LLC
LaVergne TN
LVHW020207030726
842520LV00003B/923